お金から見る　アメリカの運動部活動

活動を支える人と仕組み

谷口輝世子

Taniguchi Kiyoko

はじめに

日本では中学校における部活動の地域移行がすすめられている。部活動指導を担う教員の負担の大きさが明らかになったことが大きな要因だが、少子化によって学校単位での部活動が難しくなっている地域もある。

部活動の地域移行をすすめるにあたって、すでに地域で活動の場を作り、運営を継続できている事例がモデルになることだろう。また、地域でスポーツ活動を行っている他国のモデルを知ることも参考になるはずだ。本書では、あえてアメリカの学校での運動部活動をレポートする。私は、日本でもアメリカと同じように、必ずしも、学校で部活動を行うべきだとは考えていない。しかし、部活動を地域移行するにあたっても、形を変えて学校を拠点に部活動を行うにしても、これまで指導を担ってきた教員の負担を減らすためには、新たに活動を支える人やお金が必要になるだろう。そこで、本書では、アメリカの公立の中等教育（主に高校）において運動部活動がどのような仕組みで運営されているのかを、教員を含む運動部指導者の労働の観点と、運動部の運営にかかるお金という観点からお伝えすることを目指した。

私は二人の息子の保護者としてアメリカの中学校と高校の運動部活動をひととおり経験し、スポーツ報道の末席に加わる記者として現場で取材をさせてもらった。さらに、アメリカの学校運動部の背景や歴史的な経緯をよく知りたいと思い、文献や資料にもあたった。アメリカは広く、その全容をレポートするには、あまりにも力が足りないが、メディアによる日々の報道や、アメリカの運動部をテーマにした書籍などから、私が体験したり、見聞きしたりしている運動部の様子が特異な例か、一般的なことなのかを推し量るように努めた。取材、調査、分析ともに、まだまだ不十分であることは痛感しているが、地域移行の過程にある今、発表するべきだと考えた。このレポートが、日本の子どもたちのスポーツ活動に携わる方々の何らかの参考になれば、これほどうれしいことはない。

お金から見る アメリカの運動部活動

活動を支える人と仕組み

目次

第2章

アメリカの教員は運動部指導を引き受けなければならないか　31

第3章 課外活動の指導報酬はいくらか

第4章 学区教育予算の獲得と教育的価値

運動部の教育効果についての反論　109
学区教育予算の運動部への分配割合は適切か　110
学区の教育予算と豪華なスポーツ施設　111
閉校の危機に瀕して、運動部活動停止へ　113
アメリカ人が考える隠れた運動部の教育効果　117

第5章

お金がないときは廃部に　127

生徒たちが廃部を阻止したケース　128
自ら財源を調達して、廃部を乗り切ったケース　133
どの運動部を削減するか　134
涙ぐましい節約　140
運動部の新規立ち上げ　144

第6章

運動部参加費の徴収

第7章

ブースタークラブを通じた寄付と資金集め　168

アメリカの初等・中等教育と運動部の概要

ひとことにアメリカの学校の運動部といえども、日本とアメリカでは公教育の仕組みが少し異なり、運動部の活動の形態も違う。まず、アメリカの初等・中等教育の概要について見たうえで、運動部のあらましをまとめる。

学区教育委員会

アメリカの公立の初等・中等教育を見ていくうえで、「学区」という言葉がキーワードのひとつになる。アメリカでは公立の小学校から高校までは各学区の教育委員会が管理運営しているからだ。

アメリカでは、公教育事業は州の責任である。州は学区にわけて、学区教育委員会を設置し、これに学校管理運営権を大幅に委任している。したがって、学区とは日本のような通学区域を意味するものではない。このような学区は全米で約一万三四〇〇あり、学区の多くは教育税（財産税）を課す[1]。

州は学区に学校の管理運営権を大幅に委任しており、予算についても学区単位で予算案を審議し、成立させている。経済的に豊かで価値の高い不動産を持ち、多くの税を納められる住民の多い学区と、低所得世帯が多く住民からの税収が少ない学区がある。このような学区間の格差是正を図るために、連邦政府や州からの補助金が出ているが、経済的に豊かな住民の住む学区ほど、公教育に使えるお金も多くなる傾向にあるといえるだろう[2]。教員も学区単位で雇用しているので、学区教育委員会ごとに教員の報酬等の労働条件も異なる。

この学区の予算のなかに運動部活動に割り当てられる予算も含まれている。運動部の指導者についても教員の雇用と同様に学区教育委員会単位で採用し、報酬を支払っている。したがって、運動部に割り当てられるお金の額や管理運営する具体的な仕組みも約一万三四〇〇通り存在することになる。本書ではいくつかの学区のケースをレポートしながら、アメリカの運動部の管理運営の特徴を示すことを試みる。

アメリカの中学校、高校、大学と運動部

アメリカの中学の課外活動は、課外活動の種類、活動量ともに少ない。高校から本格化する。だから、生徒の年齢による発達から考えれば日本の中学校の運動部とアメリカの高校の運動部との比較はあま

り意義がないだろう。しかし、アメリカの高校はすべての州で少なくとも一六歳までは義務教育であり、一八歳までを義務教育としている州が多い[3]。システムとしては四年制高校が多く、九年生（日本の中三）から一二年生（日本の高三）までが通う。さらに、いくつかの例外はあるものの、一般的にアメリカの公立高校は、日本の高校入試のような学力による選抜試験を設けておらず、学区内に住むすべての生徒を受け入れている[4]。こういった義務教育制度のなかで、アメリカの公立高校の運動部の財源を明らかにすることは、日本の公立中学校の部活動の地域移行に関する課題と無縁ではないと考えた。

日本では、同じ中学校に通っていても、高校ではそれぞれ別の学校に進学していくが、アメリカの学校では少なくとも一六歳までは義務教育であり、学区内の高校に進学することが多いので、小学校、中学校での同級生が同じ高校へ通うことになる。こういった背景もあって高校の運動部と地域が結びついている。

アメリカの学校運動部の頂点は大学の運動部だ。多くの高校の運動部員の最初のゴールはプロではなく、大学の運動部に入ることだといえるだろう。特に米プロアメリカンフットボール（NFL）、米プロバスケットボール（NBA）では、現在では、高校卒業直後の選手をドラフトで指名しないという規則があり、プロ入りを希望する選手でも、そのプロセスとして、大学に進学することがほとんどである。種目によって違いはあるが、高校運動部の人気種目で参加人数も多いアメリカンフットボールやバスケットボール部の高校生選手にとっては、全米大学体育協会（以下NCAA）1部（D1）の強豪チームから奨学金をオファーしてもらい、チームの一員になることが現実的な目標といえるだろう。また、競技優秀者として大学の強豪チーム入りを目指す生徒だけでなく、一般学生として大学に進学する場合でも、高校時代の課外活動が大学入試の選考材料になるので、運動部を含む何らかの課外活動への参加を希望したり、もしくは、参加しなければいけないというプレッシャーがあったりする。

アメリカの課外活動

本書ではアメリカの高校の運動部を中心に扱うが、アメリカの課外活動は運動部だけではない。各学校によって異なるが、高校のホームページには「アスレチック（運動部）」、「ノンアスレチック（運動部以外）」、「クラブ」と表示されていたり、または、「アクティビティ（活動）」と表示して活動内容でカテゴリーわけしたりしている。学校によっては、ホームページ上に「アカデミック」のタブと「アスレチック」のタブが並列されているところもあり、このようなところからも、アメリカの学校における運動部熱を感じる。

運動部（アスレチック）

主な種目はアメリカンフットボール、野球、バスケットボール、サッカー、陸上、バレーボール、水泳、テニス、ラクロスなどである。各州の高校体育協会[5]が加盟するＮＦＨＳ（National Federation of State High School Associations: 以下 NFHS）の二〇二二－二三年度の調査によると、参加人数が多い上位五種目は男子でアメリカンフットボール、陸上、バスケットボール、野球、サッカーで、女子では陸上、バレーボール、サッカー、バスケットボール、ソフトボールだった[6]。

運動部の活動形態の特徴としてはシーズン制で、秋・冬・春で異なる種目の活動を行っている。一般的には、シーズン中には週に五－六日程度の活動をすることが多いようだ。種目によって異なるが、練習が週三日、試合が週二日、練習が週四日、試合が週一日など、試合数が多い（シーズン制の実態については後述する）。

集団種目はトライアウトを課して、試合に登録できる人数だけを入部させることが多い。同じ種目でも、バーシティー（Varsity: 一軍）、ジュニアバーシティー（Junior Varsity: 二軍、最上級生はこのジュニアバーシティーでプレーできない規則になっていることが多い）等に振り分けており、この二チームに加えて、新入生で編成するフレッシュマンという事実上の三軍制をしいているところもある。この二軍や新入生チームにも入れない場合は、その運動部に入ることができない。しかし、屋外の中距離を走るクロスカントリー部など、多くの生徒に練習と出場機会を与えやすい種目はトライアウトを設けずに、希望する生徒が入部できるようにしている学校が多いようだ。いずれにしても、人数が多すぎて練習が十分にできない、ベンチに入れない部員はスタンドで応援するということがないようにチームに入れる人数を区切っているといえる。入部を希望する生徒に応えるために、先に述べたようにバーシティー、ジュニアバーシティー、フレッシュマンと三軍制にして対応することは可能だが、チーム数を増やすと、コーチの人数や費用がかさむため、運動部に割り当てられた予算とのにらみ合いになる。

文化部

ここでは文化部と書いたが、アメリカでは文化部とは表記されていない。Music, Performing Arts, Publications などとされており、合唱、オーケストラ、演劇、新聞、数学、アカデミック、ディベートなどが含まれる。合唱、オーケストラ、演劇などはオーディションを課すことが多い。マーチングバンドはアメリカンフットボール部の試合に参加し、新聞部や放送部は校内の問題や運動部の試合を伝えるなど、運動部の活動とリンクするものや、数学オリンピック、アカデミッククイズ部など学業とリンクするものがある。これらの文化部活動はシーズン制とはいえないが、演劇や合唱、オーケストラなどは、発表が近づくと週五回、一回につき二時間練習など、年間の活動のなかでもメリハリをつけていることが多いようだ。

クラブ

読書クラブ、日本語クラブ、ボランティア活動クラブなど、生徒による立ち上げが容易で、生徒が学校に申請し、アドバイザーになってくれる教員の了承を得て、クラブを結成する等の手順を踏む。活動量は運動部や文化部よりも少なく、週に一回一時間程度、もしくは昼休みに活動することが多い。

校内運動部

アメリカの高校運動部は一般にInterscholastic Athleticと表現されている。Interscholasticは学校間、学校対抗のという意味で、他校と対抗戦を行う運動部を指す。学校のバーシティー（Varsity）チームは学校の代表として他校と対外試合を行うチームである。一方、校内運動部はIntramural Athleticと表現している。Intramuralは内部、学内のという意味であり、他校との対抗戦は行わない運動部を指し、学内でゲームを行う。Interscholastic Athleticの運動部は、州の高校体育協会に加盟し、協会主催の公式戦に出場するが、Intramural Athleticは他校との対抗戦を行わないので、学校間のチームの競技の公平性などを担保している州の高校体育協会に加盟する必要はない[7]。

スクール・スポンサードという概念

アメリカの学校運動部活動はスクール・スポンサード・アクティビティーと表現されることがある。スクール・スポンサード・アクティビティーは、運動部活動に限られておらず、学校主催の遠足、宿泊行事、学校が承認して支援する課外活動などを指す。アメリカでは、学校が承認し、支援した活動であるか、そうではないかを区別する意味合いもあって、スクール・スポンサードという言葉を使っている。例えば、営利企業が運営する子どものスポーツチームが、あたかも学校の運動部であるかのようにふるまって、参加者を募ったりすることはできない、ということだ。アメリカでは高校の運動部のコーチがオフシーズンを利用して、小中学生から指導料を受け取ってレッスンを提供することがあるが、これらは学校がスポンサードしている活動ではない。コーチの副業である。

シーズン制について

学校の運動部はシーズン制である。シーズンごとに異なる運動部に入っている生徒や、また、例えば春は野球部に入っているけれども、秋や冬は文化部で活動したり、学内クラブと兼部したりしている生徒もいる。

しかし、実際には、シーズン中は学校運動部で、シーズンオフは学校外のクラブチームに入り、通年で同じ種目をプレーする生徒が多い。その背景には三つの理由があるといえるだろう。まず、学校の運動部にはトライアウトがあり、決まった人数しか入部できないので、当落線上の生徒は他の生徒に遅れないようにシーズンオフにも同じ種目をトレーニングする必要がある。小学生時代からスポーツの盛んな地域で、なおかつ生徒数の多い高校では、秋・冬・春と季節ごとに異なる運動部に入れる生徒は少ない。運動部に入部できる人数に対して、トライアウトに参加する生徒がとても多いからだ。

一方、NCAAの1部の大学の運動部から競技優秀者としてリクルートしてもらって奨学金をオファーしてもらうには、より激しい競争があるので、通年でトレーニングをしなければいけない。アメリカでは夏休みには、州の高校体育協会主催の公式戦はないが、(営利業者も含む)トーナメント大会、大学運動部のスカウトが集まるショーケース大会、トレーニング合宿などが頻繁に行われており、これらに参加することによって、大学の強豪運動部からリクルートされるチャンスを作る。

このほかにも、生徒自身がその種目を通年でやりたいと望み、学校外でトレーニングしたり、試合をしたりする場があるときには、通年で同じ種目をやっている。

NCAAが1部、2部、3部の運動部の大学生選手が高校時代の活動形態を調べたところ、男子バスケットボールでは九一%が学校運動部と学校外のクラブに所属していたと回答しており、男子の野球、ラクロスでも学校運動部と学校外クラブの両方に所属していたという回答が八割を超えていた。一方のアメリカンフットボールでは学校運動部だけという回答が七三%だった(図1)。女子でも同様の傾向で、ソフトボール、バスケットボール、バレーボールでは学校運動部と学校外のクラブの両方に所属していたという回答が九割を超えている(図2)。

余談だが、私の次男は、高校時代には秋には学校のサッカー部、冬には学校のアイスホッケー部で活動し、春から夏にかけてはサッカーとアイスホッケーともに、学校外の競技チームに所属していた。つまり二種目にわたって学校の運動部と学校外のクラブに参加していたことになる。

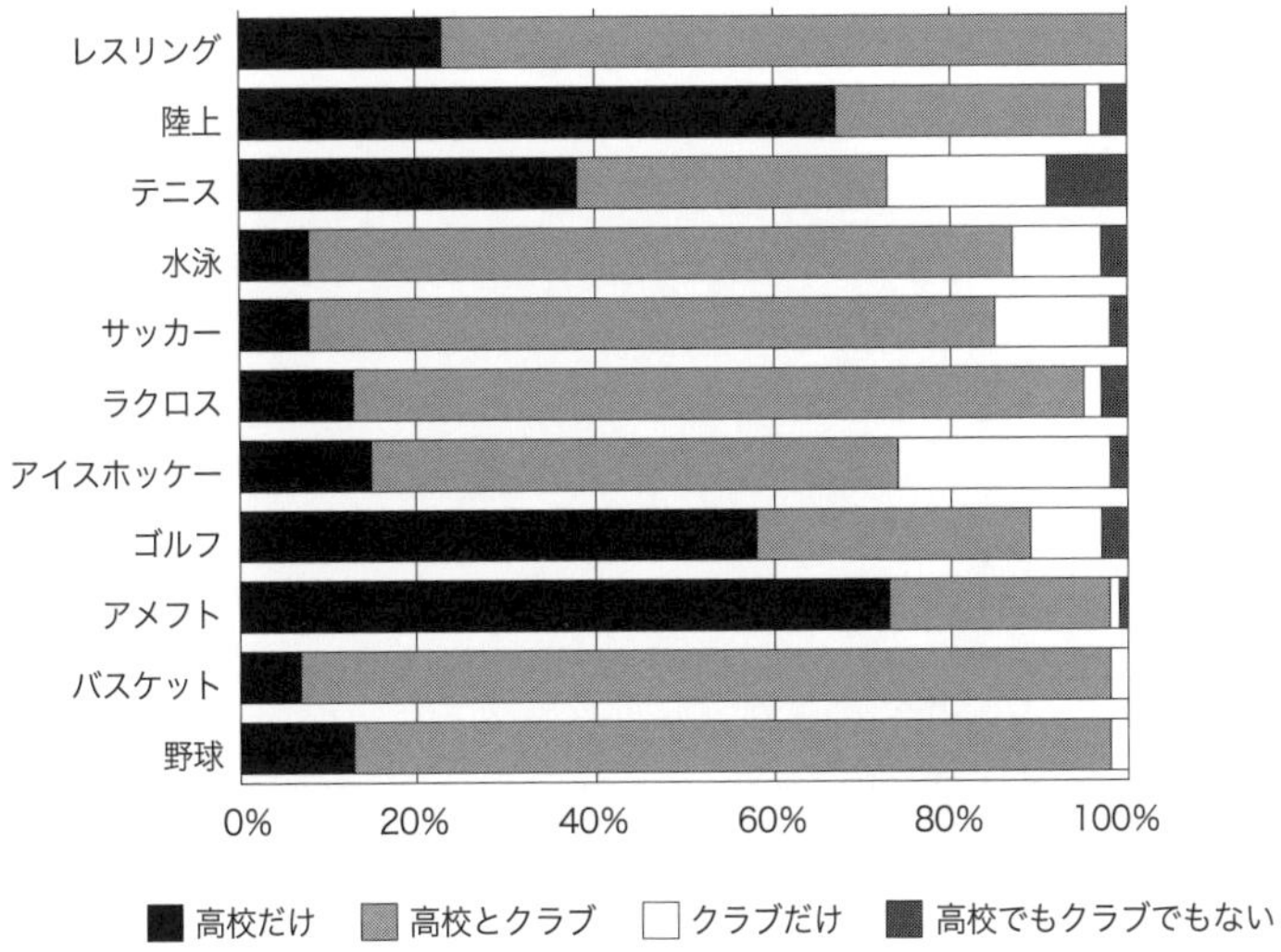

図1　高校生年代にどこでプレーしていたか。男子 NCAA 選手対象
出典：NCAA GOALS Study (2019)

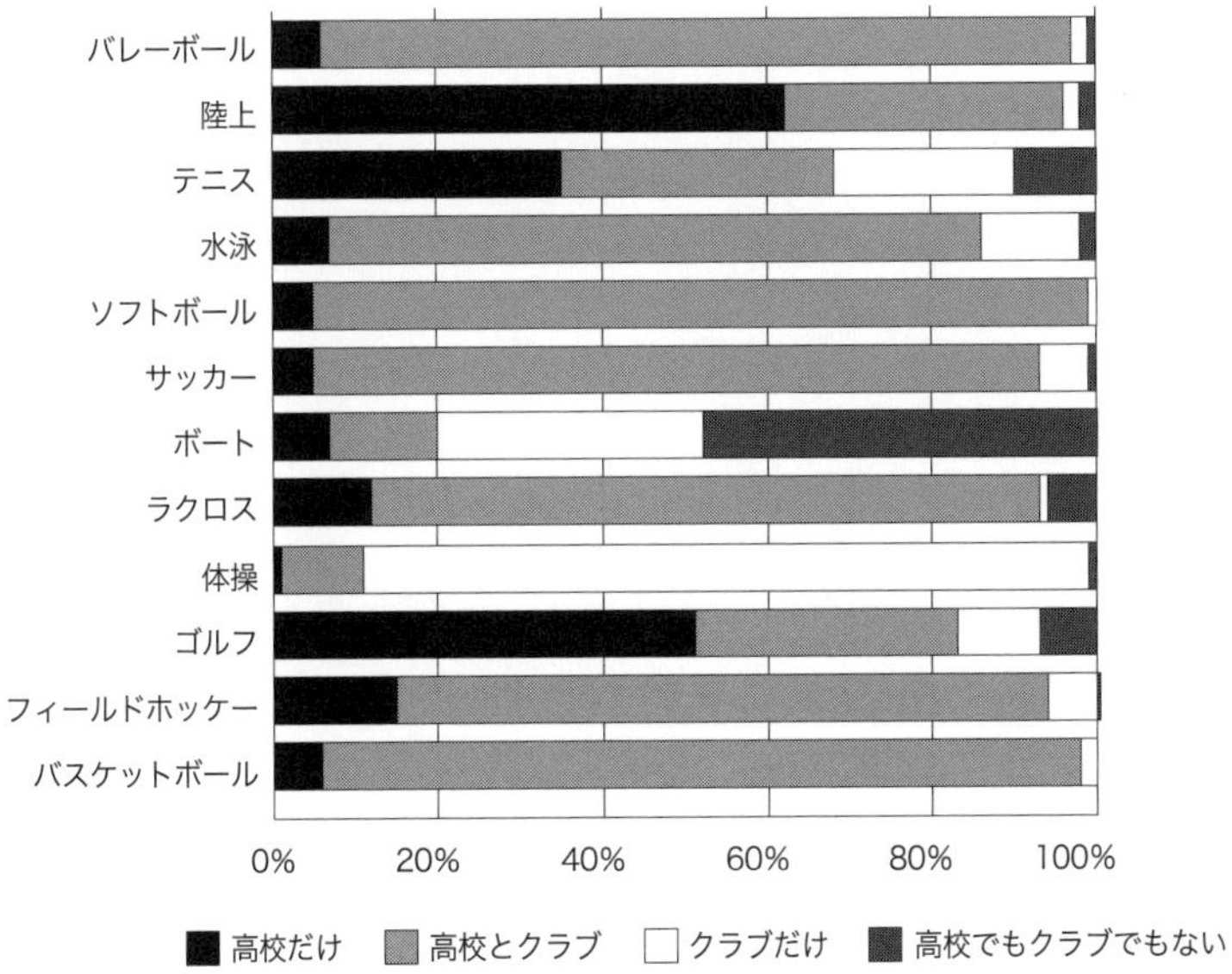

図2　高校生年代にどこでプレーしていたか。女子 NCAA 選手対象
出典：NCAA GOALS Study (2019)

写真１　学校運動部を支援するオフシーズンのクラブ

次の写真1はオフシーズンにアメリカンフットボールの練習を提供する学校外のクラブが、学校のアメリカンフットボール部のスポンサーになっていることを示すものだ[8]。

これらの学校の運動部と学校外クラブ関係は、日本の学校と学習塾の関係に近いと私は捉えている。学校運動部はシーズン制で、当該運動部の生徒に部へのコミットメントを求めるのは、シーズン中だけである。先に述べたように、シーズン中には多くの試合をしており、練習日の試合日の比率が五対一、四対一、三対一などである。シーズンとは試合をするための期間といってもよいだろう。だから、シーズン中の運動部活動だけで、試合に必要な体力や個人技術を身につけることは難しく、オフシーズンに学校外のクラブでプレーしたり、学校外のトレーニング施設やトレーナーやコーチのプライベートレッスンやグループレッスンを受けたりすることで補う。

アスペン研究所のプロジェクト・プレイの調査[9]から、学校の運動部に比べて、学校外の競技志向の強いクラブは費用がかかるケースが多いことがわかる。保護者としての経験、記者としての取材から、私も同じように感じている。

だからといって、学校の運動部は、シーズンオフは何もしていないわけではない。非公式の練習をしたり、練習試合をしたりしていることはある。オフシーズンにどのような活動ならばしてもよいのかは、各州の高校体育協会の規則と、各学校の活動規則によって決まっている。これらは、競技の公平性を保つために、他校を出し抜いてオフシーズンも練習することを抑止するためであり、活動過多から生徒の心身の健康を守るためでもある。この規則の内容は各州の高校体育協会によって違いはあるが、共通しているのは、オフシーズンの活動は参加を義務付けてはいけないというものだ。

ホームとアウェーでの試合

他校と試合をする学校の運動部は、近隣の学校とリーグを編成している。リーグ戦は、ホームとアウェー形式で、ホームの場合は自校の学校施設（グラウンド、体育館など）を使い、アウェーの場合は対戦相手校の学校施設を使うことが一般的だ。シーズン終盤になると、各州の高校体育協会主催のトーナメント大会が行われるが、これは州の高校体育協会が指定した会場で行われる。

ここで、ホームとアウェー形式によるリーグ戦を取り上げたのは、自校での試合開催がお金と関係しているからである。学校の体育施設は運動部の試合ができるようになっており、この施設の建設と維持には、学区の予算が割かれている。また、アメリカの学校運動部の公式戦では入場料を徴収するのが一般的で、リーグ戦のホーム試合の入場券収入はこの学校運動部の収入になる。試合を見に来る観客を目当てにスポンサーが広告を出したり、売店で飲食物やグッズを販売したりするが、これも運動部の収入になる。

これとは別に州の高校体育協会が主催するチャンピオンシップ大会では、入場券収入、スポンサー収入が、州の高校体育協会の収入となり、これが州の高校体育協会そのものを運営する主な財源のひとつにもなっている。

高校運動部の組織化モデルとアスレチックディレクター

高校の運動部の組織化モデルを示すと図3[10]のようになる。

学区教育委員会は州の教育に関する法と基準に従って学校を管理運営している。この学区教育委員会が教育長や校長を採用する。学校には校長の下の管理職として、全運動部を管理する運動部の管理職がおり、アスレチックディレクターと呼ばれていることが多い。各高校にアスレチックディレクターがいることが多いが、中学と高校のアスレチックディレクターを兼任しているところ、学区単位でアスレチックディレクターがいるところがある。私が取材した学校ではアスレチックディレクターは副校長と兼任していたり、体育科主任と兼任したりしていた。また、アスレチックディレクターと運動部のコーチを兼任している学校もある。

アスレチックディレクターは、その学校の運動部が加盟する州の高校体育協会の規則とその学校の

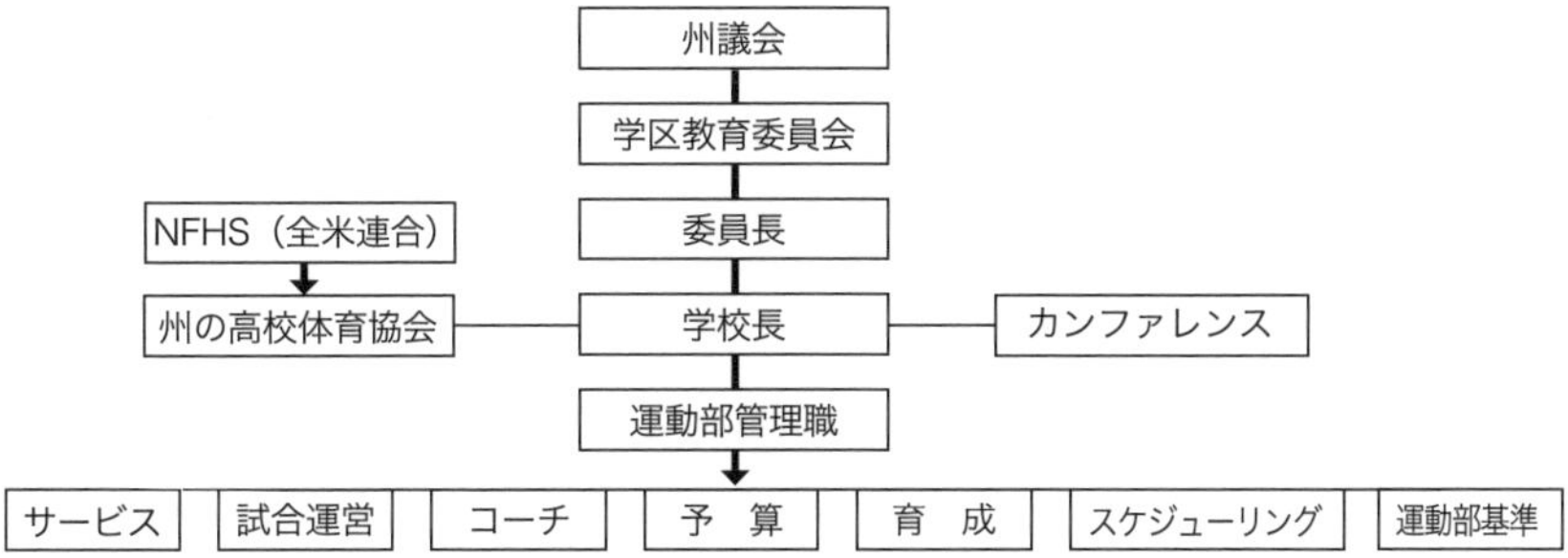

図３　アメリカ運動部の組織図モデル
（Olson, Hirch, Breitenbach, Saunder,
"Administration of High School and Collegiate Athletic Programs",1987,P34 より）[11]

校則に沿って運動部を運営している。図の右にあるカンファレンスとは、近隣の学校でつくるリーグを意味しており、アスレチックディレクターは、リーグ戦の試合日程や審判の手配について、カンファレンスと連絡を取り合う。

このほかのアスレチックディレクターの仕事として、各運動部のコーチ人事、運動部予算案の作成と財務、運動部活動規則案の作成、施設、設備の管理、各運動部の活動状態のチェックなどがある。毎年、一二月に全米アスレチックディレクターのカンファレンスが行われており、私は二〇二〇年のオンライン開催に参加したのだが、ここでは先に取り上げた仕事の実際のやり方についてのプレゼンテーションと意見交換が盛んに行われていた[11]。

アメリカの運動部の歴史

アメリカの運動部の歴史については"The Rise of American High School Sports and the Search for Control, 1880-1930"[12]

が詳しい。これによると、アメリカの運動部は一八〇〇年代後半に私立の寮生学校で始まり、一八九〇年代以降は公立高校でも盛んに運動部活動が行われるようになった。一九〇〇年ごろまで、学校や教師はこれらの活動に関わっておらず、生徒だけで運営しており、生徒たちは学校外の大人、学校外のクラブ、近隣の大学運動部から金銭面や施設面で支援を受けていた。しかし、生徒だけによる運営は不安定だった。

一九〇〇年代に入ると、学校や教育者たちが運動部を学校の管理下に置こうとする動きが出てきた。教員が運動部を学校の管理下に置こうとした背景には、複数の理由がある。第一には学校教育のカリキュラムとして体育科教育の高まりがあり、運動部活動を体育科教育の一部とみなしたからである。第二に運動部活動がインフォーマルな友愛会（fraternity and sorority）を基盤とした秘密結社（secret society）に牛耳られており、他の生徒を排除し、非民主的であると教育者や学校が問題視したからである[13]。第三には、生徒の自主的な活動において、生徒自らが活動資金を集めて管理していたが、お金に関する不正行為が発生するという問題があった。第四は活動資金を調達するための商業主義の拡大を懸念したからである。

しかし、生徒たちはこれに抵抗してすんなりとはいかなかった。およそ三〇年間にわたって運動部の運営について誰が主導権を握るかについて、学校・教育者と生徒との綱引きとなった。しかし、一九三〇年ごろには各州で教師らによって立ち上げられた高校体育協会が揃い、この協会が他校との対抗戦を管理するようになり、各学校単位では、教員が各運動部の指導を担うようになった（生徒だけによる運営にはさまざまな問題があったようだが、一〇〇年前の高校生たちが自ら他校との対抗戦を開催し、実業家や学校外の私的なアスレチッククラブから助けを借りて運営していたことには、たくましさを感じるし、十代後半になれば、本来はこういったことができるのだろうとも思った）。

一九七〇年代に入ると、もうひとつの大きな変化が起こった。一九七二年に成立したタイトルⅨ法である。このタイトルⅨ法は、連邦政府から助成を受けている教育プログラムや教育活動において、性別を理由に参加を拒まれたり，利益の享受を否定されたり，差別の対象となったりすることがあってはならないとするものだ。これが、学校の課外活動にも適用され、男子生徒の持つ運動部活動の機会と同じように女子生徒の運動部活動の機会も保障されるようになった。これによって、女子の運動部数が急激に増えた。

［付記］

この第1章は、日本部活動学会主催のブカツカフェで二〇二三年八月にオンラインで発表した内容をもとに加筆修正したものである。アメリカの学校運動部の概要については『運動部活動の理論と実践』（友添秀則編、大修館書店）第6章の「アメリカの運動部活動」でも紹介している。

■注・文献

1　坪井由実 2018「教育委員会」アメリカ学会編『アメリカ文化事典』丸善出版：388
2　長嶺宏作 2022「連邦政府と州の教育政策から捉えるエクイティとエクセレンス」アメリカ教育学会編『アメ

リカ教育研究』（32）：20-22
3 米国教育統計センター（National Center for Education Statistics）` Compulsory school attendance laws, minimum and maximum age limits for required free education, by state: 2017 https://nces.ed.gov/programs/statereform/tab5_1.asp
4 文部科学省 2012「諸外国の義務教育の概要」https://www.mext.go.jp/b_menu/shingi/chukyo/chukyo3/045/siryo/__icsFiles/afieldfile/2012/03/19/1318730_5.pdf
5 州の高校体育協会は、州内で対外試合を行う中学校と高校の運動部が加盟している。州によっては高校体育協会ではなく、高校体育連盟という日本語訳になるところもあるが、その役割は同じである。本書では混乱を避けるために州内の運動部の対抗試合を管理する組織として州の高校体育協会という表記に統一する。
6 NFHS 2022-23 HIGH SCHOOL ATHLETICS PARTICIPATION SURVEY https://www.nfhs.org/media/7212351/2022-23_participation_survey.pdf
7 谷口輝世子 2021「校内運動部の価値」『体育科教育』2021（12）大修館書店
8 谷口輝世子 2022「部活動指導者と地域の守備範囲」、『体育科教育』2022（1）大修館書店
9 Aspen Institute 2022 Project play, STATE of Play 2022 Costs to Play Trends
10 Olson, Hirch, Breitenbach, Saunders, 1987 "Administration of High School &Collegiate Athletic Program", CBS COLLEGE PUBLISHING: 34
11 谷口輝世子 2021「アスレチックディレクターカンファレンスに参加して」『体育科教育』2021（3）大修館書店
12 R. Pruter, 2013 "The Rise of American High School Sports and the Search for Control 1880-1930", Syracuse University Press
13 中澤篤史　2014　図書紹介　「Robert Pruter,The Rise of American High School and the Search for Control, 1880-1930」一橋大学スポーツ研究：33

アメリカの教員は運動部指導を引き受けなければならないか

第2章、第3章では、アメリカの学校の運動部を指導する教員やコーチの働き方とお金についてレポートする。アメリカの学校外のスポーツでは、営利組織による有償指導が行われている一方で、無償ボランティアの存在も少なくない。全米の約一万人のユーススポーツの指導者（学校の運動部の指導者を含む）を対象にした調査[1]によると、直近のシーズン、無報酬だったと答えた人は四一％おり、学校外では無償のボランティアコーチも少なくない[2]。したがって、アメリカで子どものスポーツのコーチをしている人は必ずしも指導の対価を得ているとはいえない。

ここでは、あくまでもアメリカの学校の運動部の指導と教員の働き方についてレポートする。日本で、部活動の地域移行が進められるきっかけとなったのは、部活動の指導をする教員は長時間労働になりやすく、負担が大きいという声が集まってきたからだ。勤務時間外の部活動の指導は、校長が時間外勤務を命じることのできる超勤四項目（1・生徒の実習、2・学校行事、3・職員会議、4・

非常災害、児童生徒に関し緊急の措置を必要とする場合）に含まれておらず、校長が教員に対し勤務時間外の部活動指導を命令することはできない。しかし、全教員に何らかの部活動指導を求める全員顧問制を敷いている学校が多く、九割以上の教員が部活動の顧問になっている[3]。そのため、本人の興味関心、あるいは専門性と関連のない運動部の指導を引き受けている教員も少なくない[4]。全く経験や知識もなく、関心もない部活動の指導を引き受けざるを得ないことが、精神的な重荷にもなっているようだ。

部活動指導の報酬に関しても、超勤四項目に含まれていない部活動指導を教員が引き受けている矛盾があらわれている。平日の勤務時間外の部活動指導に対する報酬は支払われていない。土曜日、週休日の部活動指導や対外試合の引率業務に関わる手当は支払われているが、部活動指導は教員の仕事に含まれるのかという議論は深められないまま、この手当の金額が決められてきた[5]。

アメリカの中学や高校の教員も、運動部の指導を引き受けなければいけないのだろうか。また、運動部の指導には手当が支払われているのだろうか。アメリカの中学校や高校の運動部には、教員が指導している運動部や、外部の指導者（日本の部活動指導員に相当するもので、部活動指導に関しては教員と同等の権限と仕事を担う）が指導を担っている運動部がある。学校の運動部のコーチ（教員であっても、外部指導者であっても、運動部の指導者はコーチと呼ばれる）は、教員、外部の指導者ともに、手当としての報酬も支払われているのが一般的である。

日本で部活動指導をする教員の負担が注目されはじめた二〇一四年一一月に、高校サッカー部の外部の指導者を取材した。当時、ミシガン州ハーパーウッズ高校でサッカー部のコーチをしていたロバート・カミングスさんという人で、本業はグラフィックデザイナーだった。地域のチームでボランティアとしてコーチをしていたところ、高校のサッカー部でコーチを探していると聞いて応募した。指導の報酬は教員が運動部のコーチとしたときと同額で、一シーズンの報酬の金額は「教員の年収のおよそ一割」とのことだった[6]。その学区の教員の年収が五万ドル（一ドル一四〇円換算ならば七〇〇万円）ならば、運動部のコーチ報酬は一シーズンのおよそ三カ月で五〇〇〇ドル（一ドル一四〇円で七〇万円）というわけだ。秋に男子サッカー部、春に女子サッカー部のコーチをしている場合は、それぞれに対価が支払われるので、計一万ドル（一四〇万円）になる。仮に三シーズン、フルに運動部の指導をすると一万五〇〇〇ドル（約二一〇万円）になる。しかし、アメリカでは、このお金だけで生計を立てることは難しく、教員として運動部を指導するか、他に仕事を持っている外部の指導者、もしくは、すでにフルタイムの仕事からはリタイアした指導者を想定しての報酬といえるだろう。

運動部指導は教員だけだった

この話を聞いてから、学校の運動部を取材するときには、指導をしているのは教員か、外部の人かを聞き、その労働条件も教えてもらうようにしてきたが、いつから外部の指導者が導入されたのか、どのように指導報酬が算出されているのかはよくわからないままだった。そこで資料や文献で歴史的な変遷を調べた。すると、アメリカでも学校の運動部のコーチは教員でなければならない、としていた時代が長くあったことがわかった。そのうえ、運動部指導の対価を得ていない教員も珍しくなかった時代があった。どのような経緯で、運動部指導をする教員に報酬が支払われるようになり、外部の指導者を迎えることになったのかを、学区と教員らとの裁判の記録、米国の特定都市の公聴会記録、教員の労働と報酬に関する教育行政関連資料、学校運動部指導者の実態調査報告書からまとめる。

第1章で見てきたように米国の高校運動部は一九世紀に米北東部にある私立の寮制高校で始まり、生徒たちが学校外や休憩時間に全く自主的に活動していた。生徒のなかでリーダーを決め、このリーダーが活動の運営や管理を担っていた[7]。こういった活動に対し、学校側はこれを管理する意思はなく、教員の介入は少なかった。しかし、一九〇〇年から三〇年代にかけて、体育科教育の高まりや公立高校の生徒増によって、運動部活動に教育的価値を見出したこともあって、学校の管理下に置こうとするようになった。一九二四年発行の"The Administration and cost of Interscholastic Athletics"[8]によると、教員が運動部のコーチにするべきというプレッシャーはあったが、学校と正式なつながりを持っていないコーチがいたと述べられている。

ところが、一九三二年発行の"Intramural and Interscholastic athletic"[9]を読むと、一〇年足らずの間に変化があったことが読み取れた。この全米調査は、三二七校の高校を対象にしたアンケート調査がまとめられたもので、これによると、運動部のコーチはほとんどが学校の教員で、調査対象の七八%の学校で運動部のコーチは通常の授業も受け持っていたとしている。さらに、このアンケート調査では「ほとんどの州では運動部のコーチは、学校の教員であることが求められている」との記述がある。体育科教育の高まりが一因となって、教員が運動部指導を担当するようになり、運動部のコーチは学校が雇用している教員でなければいけないとの規則が設けられるようになったのだろう。

報酬については、三二七校のうち一六一校ではコーチをしている教員の平均給与は、コーチをしていない教員の給与額を上回っていたと述べられている。指導報酬については明確な報酬体系があったかどうかは記述されていない。全米のなかで、運動部のコーチをしている教員のなかには、基本的な給与に指導報酬の意味合いで何らかの上乗せをもらっていた人が半数程度おり、運動部のコーチをしてもその対価をもらっていなかった教員が半数程度いたということだろう。

報復人事も？

運動部のコーチをすることで給与の上乗せをもらっていた教員がいる一方で、コーチングの対価をもらっていない教員には不満が募っただろう。一九四五年当時、ワシントンDC地区では、男性の体育科教員は通常の授業を受け持つほかに、運動部のコーチをすることが暗に期待されていた。しかし、勤務時間外に運動部のコーチをしても報酬が支払われていなかったため、体育科教員は運動部活動の指導に対して報酬を支払ってほしいと一九四七年の公聴会で訴えた[10]。運動部のコーチでワシントンDC地区の公立校体育科教員を代表するR・ランドが、運動部のコーチは通常の体育科教員の仕事に追加されている仕事なので、この労働に対して報酬を支払うべきだと公聴会で主張した。労働の対価を支払うよう求めるランドは、資料として一九四六年に発表されたThe National Education Association（全米教育協会）の調査結果を提示して、人口一〇万人以上で調査に応じた八一都市のうち、五三都市では、運動部のコーチをする教員に対し、追加の仕事に対する報酬が支払われていると証言している。この調査では学区単位ではなく、都市の単位で報酬が支払われているかを調べていたものだが、この証言からも、指導に対する報酬が支払われている地域と支払われていない地域があったことが分かる。

ランドは「校長がその男性に運動部のコーチをするよう依頼し、その男性がそうするように期待している。もしも、彼がコーチをしないのならば、転勤させるだろう。過去にそのようなことがあった。もしくは、非協力的であるとして評価が下がるかもしれない」と証言した。体育科教員が運動部活動の指導を拒否した場合には、何らかの非公式な制裁があったようだ。日本では、校長から部活動の顧問を依頼されると、とても断りにくいとしているのをSNS等で見かけたことがあるが、アメリカでもそれと似たようなことがあったといえそうだ。ランドの訴えによると、体育科教員ではない他教科の担当教員が、運動部の試合の運営に必要な仕事をしたときには、何らかの手当が支払われていたという。彼らが他教科の教員と同等の対価を求めるのは当然のように思えるが、この公聴会では、ランドの訴えに対しての回答は冷ややかなものだった。体育科教員の仕事には、運動部の指導が含まれていると考えられていたからだ。

法廷での争い

一九五一年には裁判で課外活動の指導は教員の仕事かどうかが争われている[11]。ニューヨーク市学区教育委員会が全教員に授業以外の活動で貢献するように通達したのだが、これに対し、教員側は学区教育委員会の決議、および手続きに不備があるとして通知を撤回するよう裁判を起こした。しかし、裁判では、学校における課外活動の重要性が認められ、法廷は学区教育委員会の決議を妨害する理由がないとし、教員側の訴えが退けられた。

また、一九五五年には、カリフォルニア州の英語科教員が、授業以外の体育系行事の見守りの割り当てを不服として裁判に訴えた[12]。体育系行事の見守りは勤務時間を超える仕事であり、雇用契約内容に含まれておらず、自身の教員としての専門性と無関係であり、この仕事に対する追加の報酬も支払われていないと主張するものだった。この判決も、原告である教員側の訴えを退けるもので、学区教育委員会や管理職は教員に授業以外の追加の仕事を割り当てる権限を持つとした。教員の給与は一時間ごとに支払われているものではなく、課外活動の指導も教員の仕事に含まれているというのが司法の見解だった。

しかし、一九五一年と一九五五年の裁判では、学区や管理職である校長は、教員に課外活動の指導や見守りなどの仕事を割り当てることができるとしたうえで、次のような条件をつけた[13]。

（1）その任務は、妥当な時間、回数の範囲である
（2）その任務は、教員の関心、能力、免許に関連している
（3）その任務は、生徒の発達に恩恵あるプログラムの一部である
（4）その任務は、本質的に教員の職業に関する
（5）全ての割り当ては、偏らずに公平に割り当てられている

教員の専門性が運動部活動に全く関連しておらず、教員自身も活動に興味関心がなく、その指導時間が長時間に及ぶ、また、回数が多い場合には、管理職や学区は、教員に勤務時間外の課外活動の指導を割り当てることは難しいと解釈できるだろう。

指導の対価

裁判では、学区教育委員会は課外活動の指導の対価を払う必要はないとされていたが、一九三〇年代、一九四〇年代にも、運動部のコーチをしている教員に何らかの報酬を支払っていたところが、半数程度か、半数以上あったようだというのは先に述べたとおりだ。支払っていた学区教育委員会は、何を根拠にどのくらいの金額を支払っていたのだろうか。

この報酬をめぐる問題に関して、一九四八年には、National Association of Secondary-School

Principals（全米中等学校校長協会）発行の機関誌[14]に、ミネソタ州ミネアポリス公立学校の学校管理研究ディレクターであるA・I・ヘガーストンが〝Extra Pay For Extra Work（追加の仕事に追加の支払い）〟という報告をしている。彼はこれまで慣例的に支払われてきた運動部指導への報酬を明らかにするべきだと述べており、その意見と提案をまとめると次のようになる。教員の給与は一本化されているのが望ましいが、課外活動は活動量や質がさまざまであり、その指導を担う各教員の負担が異なるので、教員間に不満が生じる。不満を改善し、より公平にするため、仕事量や質の違いが報酬の金額にも反映される必要がある。それと同時に、教員の最も重要な仕事は正規の授業であるから、正規の授業で仕事を果たしている教員の課外活動指導に対して報酬を支払うべきであるというものだ。

また、一九六〇年には、インディアナ州のパデュー大学が、インディアナ州のサウスベント市学区と協力して、教員の課外指導の報酬金額をどのように算出するかという報告をした[15]。報酬金額算出のポイントとして三要因を挙げており、まとめると次のようになる。

（1）学校の年度中に、課外の追加の任務に割いた時間の合計
（2）割り当てられた任務の重要性と性質
（3）その教員の基本の給与額

仕事の重要性と性質については、特別な技術を要するか、他校の教職員との連携が必要なものかな

ど、二二項目を設けて点数化している。勤務時間外の労働に対する報酬金額の算出法は、その教員の基本給に、時間外労働の時間数を係数にして乗じ、さらに上記の二二項目によって算出した職務の係数を乗じて算出する。例えば、高校アメリカンフットボール部のアシスタントコーチをしている教員の年間の基本給が六〇〇〇ドル、正規の勤務時間が年間一八〇〇時間、コーチとして三五〇時間の時間外労働をした場合は、基本給の六〇〇〇ドルに一八〇〇分の三五〇を乗じ、さらに仕事の重要性として〇・五を乗じて、勤務時間外の運動部指導報酬は約五七五ドルとなる。

しかしながら、一九六〇年代から七〇年代にかけて、課外活動指導に対する体系的な報酬を受け取っていない教員もいたことから、これらが全米各地の基準として浸透していたとは言い切れない。一九七六年には、ニュージャージー州の学区で、運動部のコーチである二一人を含む三〇人近い教員が、正当な報酬額を求めて、課外活動指導のストライキを起こした。これに対して、学区教育委員会側が原告となりストライキを起こした教員を相手取って、裁判で争った[16]。判決は、学区教育委員会が教員に課外活動の指導割り当てをする権利を、妥当な時間数、教員の専門性、興味に基づくものなどの条件つきで認めるもので、時間外報酬についても必ずしも払わなければいけないものではない、と原告の訴えを支持した。

団体協約、労使契約へ

このように、遅くとも一九五〇年代から課外活動の指導は教員の仕事の一部かどうかが裁判で繰返し争われてきたが、次第に雇用主である学区教育委員会と、被雇用者である教員間の団体交渉や労使契約で定めようという動きが出てきた。"The Law and Teacher Employment"[17]には、「歴史的に教員の本給は、割り当てられた課外の任務を、明示的であれ、暗示的であれ、含んでいた。課外の任務についての裁判件数が増えるにつれて、多くの州で契約の明確化が必要になってきたのは明らかだった」とある。そこで、教員と雇用主にあたる学区教育委員会とは、基本給の職務内容を示した本契約のほかに、教員が引き受けるべき課外活動指導については補助的契約とし、この補助的契約に課外活動指導の報酬額についても明記する形式が増えていった[18]。ただし、必ずしも教員としての本契約と、課外指導に関する補助的な契約とがわかれているわけではない。教員としての契約のなかに、課外活動指導について含んでいる契約の形式もある[19]。

また、一九六〇年代は、多くの州で公務員の団体交渉権が認められるようになった時期でもある。教員も組合を作り、労働条件について学区教育委員会に対して団体交渉ができるようになった。この団体交渉の内容に課外活動指導についての労働内容と報酬も含まれた。教員組合と学区教育委員会の間で締結した団体協約による運動部指導という労働とその対価の取り決めは、次の第3章で詳しく見ていく。教員は、教員組合を結成して団体協約によって補助的契約で課外活動指導に対する報酬を定めるようになったり、もしくは教員と学区教育委員会の労使の契約に課外活動指導の職務とその報酬を含めるようになったりした。

財源は学区教育委員会

これらの課外活動指導に対する報酬は、公立校では学区の教育予算が主な財源である。私は二〇一三年一月、ミシガン州ウエストブルームフィールド高校の副校長兼アスレチックディレクターに取材した。日本の桜ノ宮高校のバスケットボール部で指導者によって高校生が自殺に追い込まれたことが明らかになった直後のことだ。ここで、アスレチックディレクターの存在が虐待的な指導の防止に効果があることを知った。日本の中学や高校には全運動部をマネジメントするアスレチックディレクターのような役職はない。私が、日本でアスレチックディレクターを雇用しようとしても給与が支払えないという問題が起こるのではないかと話したところ、このアスレチックディレクターは「教育として価値があるから、我々に給料が支払われている」と言った。

補助的な金額

アメリカでは、課外活動の指導に対して、団体協約や労使契約で定めた報酬が支払われるようになってきている。しかし、その金額は教員の給与に対して補助的な金額になるよう設定されている。また、米労働省（U.S. Department of Labor）は、教員として雇用されている者の課外活動の指導を含む時間外労働の報酬については、最低賃金の適用を免除されるという見解を出している[20]。つまり、教員として基本給をもらっている場合は、課外活動の報酬が時間あたりに換算すると最低時給を下回っても違法ではないということになる。さらに教員本人が希望した場合は、無償のボランティアとして運動部の指導を引き受けることも違法ではない。また、米国は公正労働基準法で、週四〇時間を超えて労働させる場合には、超過労働時間（残業時間）に対して時間給当たり一・五倍の割増賃金の支払義務を雇用主に課しているが、教員はこの公正労働基準法の適用外でもある[21]。労働法では、課外活動は教員の仕事の一部という解釈がなされているとはいえるだろう。

外部指導者の導入

アメリカでも、運動部を含む課外活動の指導は、教員の仕事の一部とみなされてきて、教員資格が指導者の質を担保してきたといえる。州や州の高校体育協会の規則で教員が運動部指導を担うと定めていた。私の手元には、一九五四年のミネソタ州高校リーグのハンドブックがあり、ここには試合の引率は学校からその仕事をするように指名された教員でなければならないと書かれている。

しかし、現在では、教員だけでなく、外部の指導者も運動部活動のコーチをしている。学校外からコーチを迎えることが検討されるようになったのは、学校の教員だけでは運動部のコーチが不足するようになってきたからだ[22]。

このコーチ不足のひとつの要因は、一九七二年に制定された「タイトルⅨ」の施行である[23]。第1章でもふれたように、この法律は、連邦政府から援助を受けている教育プログラムや活動において、性別に関わらず教育や課外活動の機会を保障するものだ。このタイトルⅨ以前の学校運動部は、男子のチームが多かったが、性別に関わらず、課外活動の参加の機会も平等にすることになり、女子の運動部を増やしたことで、運動部のコーチが不足することになった。このほかに、教員のライフスタイルや意識の変化が挙げられている。

繰り返しになるが、学校の管理職は教員に課外活動の指導という仕事を割り当てることはできるが、それが妥当な時間の範囲であり、教員の興味関心、あるいは専門性に近いという条件があった。したがって、他の課外活動に比べて、活動時間の長い運動部活動の指導を、専門性や関心のない教員に割り当てることは難しかったと考えられる。そのために外部の指導者を学校運動部に迎える議論が始まり、州や州の高校体育協会などが設けていた運動部のコーチは教員が担うという規則の変更につながったのだろう。また、これらの背景には、「学校の課外活動中の生徒を監督する責任は学校にある」[24]という判例があり、学校が運動部活動を見守る者を探す必要があった。

このような状況の中で、ミネソタ州ウィノナ大学は隣州ウィスコンシンを対象に、運動部のコーチをする教員不足の問題と、その不足を補うために外部の指導者を迎えるにあたっての学校側の懸案事項を調査[25]した。これによると、学区で教員として雇用されている者以外の運動部のコーチが一九七七‐七八年度から、一九八三‐八四年度までの間に四〇〇％増加した。大規模校（生徒数七四四人以上二五一七人まで）の八九％で教員以外のコーチがいると回答があり、小規模校（生徒数三五人以上三五八人まで）のうち七〇％の学校で、教員以外のコーチがいると回答があった。同様の傾向は全米の他の地域でも起こっていると報告している。

一方、運動部の指導者としてリクルートしようとする小規模校の校長に対して、どのような工夫をしているかを質問した結果は、次のようであった。

（1）教員採用時に運動部コーチの必要性、重要性を説明する　六一％
（2）代用教員（substitute teacher）からコーチを雇用する　三六％
（3）スタッフメンバー［筆者注：教職員］に要請する三二％
（4）契約継続を使う［筆者注：終身雇用の資格を得ていない教員に対し、契約継続を条件にコーチの引き受けを求める］　二八％

（5）引退、退職した教員にコーチとしての復帰を懇願する 二六％
（6）通年プログラムの期待値を低くする［筆者注：年間通じての課外活動指導に対する期待値を下げる］ 一四％
（7）コーチ報酬を十分に増やす 一三％
（8）スポーツ［筆者注：運動部数］を削減する 一一％
（9）コーチをすることのインセンティブとして教科を教える量を減らす 二％

運動部数の削減を挙げたのは一一％で、運動部活動を縮小するよりも、教員免許を持つ者に運動部指導を引き受けるよう働きかけていたといえるだろう。

これまで、学校の運動部の指導は教員に限るとしていた州の高校体育協会は規則を変更する必要に迫られていたが、外部の指導者が学校の運動部の運営方針に従って、指導してくれるだろうか、生徒対応で問題を起こさないか、どのようにすればよい外部指導者を見つけられるのかといった課題はあったようだ。ミシガン州の高校体育協会で一九八六年から二〇一八年までエグゼクティブ・ディレクターを務めたジャック・ロバーツさんと言葉を交わす機会があり、外部指導者の導入について聞くと「そのときは大変だったのですよ」とし、当時の混乱がうかがえた。しかし、運動部のコーチを引き受けたくない教員に無理強いはできないので、外部指導者を迎えざるを得なかった。

現在、運動部のコーチをする教員と外部指導者の割合はどのくらいなのだろうか。管見の限り、はっきりとした数字を見つけることはできなかった。オーバーマンによる“Sports Crazy: How Sports Are Sabotaging American Schools”[26]では、NFHSの職員による推測で教員と外部指導者はおよそ半々であるだろうしている。また、二〇二三年五月一五日に長く高校のアスレチックディレクターを務め、その後はNFHSの編集委員としてアスレチックディレクター向けに情報や提案を発信しているデービッド・ホーク氏にメールで質問したところ「学区によって大きく異なるだろうが、全米を見れば、ある学校のコーチングスタッフの六割が教師以外のコーチというケースもあり得る。全国的な割合を示すことは難しい。しかし、過去一五年間の傾向として、コーチをする教師は減っている」との回答を得た。

コーチ資格の整備

それでは、教員以外の外部の指導者を迎えるにあたっては、どのような基準によって、教育としての質や信頼を担保しようとしたのだろうか。一九八七年の“Current Status : Requirements For Interscholastic Coaches（現在の状況：学校対抗コーチのための必要条件）”[27]から、米国の各州で運動部のコーチを引き受ける者に何らかの認定や資格を求めているかを見てみよう。これは、一九八六－八七年度に、各州の教育局、高校体育協会、コーチ協会にアンケートと聞き取り調査をしたものである。これによると、全米五〇州のうち二五州（五〇％）は教員免許を運動部指導に関わる全指導者の採用条件に入れていた。教員免許という条件は、必ずしもその学校の教員であることは求めていないが、全米の半数の州では、教員免許を持つ者に運動部活動の指導を担ってほしいという考えを持っていたことが読み取れる。

さらに、二〇〇八年に発表されたNational Association For Sport and Physical Education（全米スポーツ体育協会）による"National Coaching Report（全米コーチングレポート）"[28]によると、全米五〇州とワシントンDC地区のうち、学校運動部のコーチの採用条件として二二州（四三％）で教員免許を条件にしていた。ただし、その二二州のうち一六州では州の高校体育協会などの定めた免許や認定を得ていれば、教員免許と代替できるとしている。教員免許に限定すると、外部からの指導者の募集が困難になる地域、学区、種目などがあり、このような代替資格を設けていると考えられる。また、指導者講習を何らかの形で義務付けているのは四二州とワシントンDC地区で全体の八六％だった[29]。

このように、一九八〇年代から二〇〇〇年代にかけて、教員免許を持つものに運動部指導を担ってほしいと考える一方で、教員免許を持たない外部の指導者には講習による免許や認証制度を整備し、信頼性を担保しようとしてきたといえる。

現在、外部の指導者として定められた免許や認定を持ち、学区で雇用されている者は、運動部指導に限っては教員と同等の職務を果たし、同じ権限が与えられていることが一般的で、日本の部活動指導員と近い役割を担っている。一九七〇年代に外部の指導者を迎えるようになったアメリカの学校運動部は、今はもう、どのくらい外部の指導者がいるのかについては関心を持っていないのかもしれない。だから、運動部のコーチにどのくらい外部指導者がいるのかについてのデータが見当たらないのではないかと考えた。そのかわりに、と言えるかどうかわからないが、教員や外部の指導者が忙しいことを理解したうえで、どのようにすればコーチ講習を充実させられるか、という議論や情報が多く発信されている。

ただし、各州の教育局や高校体育協会などによる教員と外部の指導者への講習は、安全講習、ルール講習が中心であり、学校における運動部の教育的価値の説明に十分な時間が割かれているとはいえない。それでも、米国には、前述したように学校長の下に学校運動部を統括するアスレチックディレクターという管理職があり、学校運動部の活動理念を外部の指導者に対して示す役割を担っているといえるだろう。

アスレチックディレクターとコーチ人事

アスレチックディレクターの仕事のひとつは、各運動部のコーチ人事だ。運動部のコーチを引き受ける教員を募り、足りない場合は外部から指導者を募る。また、運動部のコーチが、運動部の方針に反した行いをしたときには、アスレチックディレクターが調査のうえで解雇することもある。これまでの運動部取材で、二人のアスレチックディレクターから、「適切な指導をしていなかったコーチには、指導を離れてもらった」と聞いた。アスレチックディレクターによる管理体制が、運動部の虐待的なコーチによる被害を防いでいることは先に述べた通りだ。

全米のアスレチックディレクターに懸案事項をアンケート調査した[30]ところ、懸案事項の最上位はコーチのリクルートになっていた。過不足なく運動部指導をする教員と外部の指導者を配置する難しさがうかがえる。毎年、一二月に全米のアスレチックディレクターが集うカンファレンスが開催されており、私が参加した二〇二〇年のオンラインカンファレンス[31]では、いかにして運動部のコーチ（指導者）を見つけて、継続してもらうかがトピックのひとつとして取り上げられた。そこで発表された方法は次のようなものだった。

（1）学校内で他の教員と良い関係を築いて、コーチングの経験があるとわかったら、（コーチ採用）面接を受けてもらうように話す。

（2）地域に残っている運動部を卒業したＯＢや元選手、元コーチに目を向ける。彼らはダイヤモンドの原石。

（3）生徒の兄や姉のなかにアシスタントコーチをできる人がいた。

（4）学校外のスポーツチームとよい関係を築く。アスレチックディレクターのなかには地域のスポーツクラブをよく思っていない人もいるが、敵対せずに協力できることもある。

（5）高校を卒業して地元のコミュニティカレッジ（公立の二年制大学）に通っている学生がいる。

彼らがコミュニティカレッジを卒業したときには、運動部のよいコーチになり得る。

(6) シーズンの終わりごとにコーチに集まってもらい、食事をして、ねぎらい、感謝の気持ちを表している。

(7) 運動部のよいカルチャーを築いていかなくてはいけない。もちろん、生徒のためだが、コーチを続けてもらうためにも必要なことだ。保護者の言動によって、コーチに対して理不尽なことが起こったりする。アスレチックディレクターとして期待する基準やカルチャーを設定し、そこから大きく外れることがあったときには、アスレチックディレクターは強く出なければならない。

(8) 学校で生徒から信頼されている教師がいる。その先生にはゴルフの経験はないのだが、ゴルフ部のコーチになってもらい、元プロで引退したゴルファーにアシスタントコーチになってもらった。

(9) 私の学校に新しい校長が来て、運動部に関して何か助けられることはあるかと聞かれたので、新しい教員を採用するときには、その人が運動部のコーチをやりたいと思っているかどうかを考慮してほしいと言った。

校内の教員をリクルートしながら、卒業生、生徒のきょうだいや家族、学校外のスポーツとつながりを作るなどして、適任者がいるかについては常に目配りをしていることがうかがえる。教員採用に関わるポジションにある人たちには、コーチをできる教員を採用してくれるようにお願いもしている。また、コーチになってくれた人が辞めてしまわないように、アスレチックディレクターとして運動部の規律やカルチャーを作り、理不尽な要求をする保護者や生徒からコーチを守ることも意識しているようだ。

私はフロリダ州クリアウォーターにある高校の副校長に外部コーチの採用について短い会話をしたことがあった。二〇二三年三月にメジャーリーグのスプリングトレーニング取材のためにフロリダ州に滞在していたときのことだ。副校長は、管理職の仕事として、この高校のグラウンドで夕方七時ごろから始まった女子のフラッグフットボール部の試合がスムーズに行われているかを見守るために立ち会っていた。観客席には生徒の家族や友人と思われる人たちがパラパラ座っている程度で、観客席の混乱はなく、試合は無事に進んでいた。試合後、この副校長に外部の指導者の雇用について困ったことはないかと聞くと「見つけられずに困ったということはほとんどないと思う。消防士をしている人たちからの応募もある」とのことだった。どの学校でも人手不足に悩まされているかというと必ずしもそうでないようだ。私が取材したミシガン州の高校では、ひとつのコーチのポジションに複数の応募者がいて、誰が適任者かという選考に頭を悩ますケースもあった。

［付記］

この第2章は日本部活動学会の二〇二一年の紀要に掲載された「米国の教員による運動部指導制度の歴史的変遷──労働と教育の視点から──」に加筆・修正したものである。

■注・文献

1 この調査については「大人の働き方と子どものスポーツ」(『体育科教育』2023 (2) 大修館書店) でもレポートした。

2 Anderson-Butcher& Bates　2022 NATIONAL COACH SURVEY: FINAL REPORT, Aspen Institute: 7

3 内田良、上地香杜、加藤一晃、野村駿、太田知彩 2018『調査報告　学校運動部と働き方改革』　岩波ブックレット 989: 15

4 前掲：46-59

5 神谷拓 2015『運動部活動の教育学入門――歴史とのダイアローグ』大修館書店：228

6 谷口輝世子 2015「米国外部指導者事情」『体育科教育』2015 (2) 大修館書店

7 R.Pruter 2013 "The Rise of American High School Sports and the Search for Control 1880-1930" Syracuse University Press: 3,4,5,29,45

8 L.H. Wagenhorst 1926 "The administration and cost of high school interscholastic athletic", Contributions to education 205, Teachers college, Columbia university,

9 R. Brammel 1932　"Intramural and Interscholastic athletic", Bulletin No.17 National Survey of Secondary Education, United States, Government Printing Office, 1932: 100

10 United States 1947 Congress, Senate, Committee on the District of Columbia United States, Congress, Senate, Committee on the District of Columbia. Subcommittee on Fiscal Affairs, "Teachers' Pay Bill: Hearings Before the Joint Subcommittee on Fiscal Affairs of the Committees on the District of Columbia, Congress of the United States, Eightieth Congress, First Session, on S. 1088, a Bill to Amend the District of Columbia Teachers' Salary Act of 1945, as Amended, and for Other Purposes. April 16, 19, and 21, 1947",

U.S. Government Printing Office: 159-167

11 Matter of Parrish v. Moss, 200 Misc. 375, 106 N.Y.S.2d 577 (N.Y. Sup. Ct. 1951)

12 McGrath v. Burkhard, 131 Cal.App.2d 367, 280 P.2d 864 (Cal. Ct. App. 1955)

13 Thomas, Sperry and Wasden 1991 "The Law and Teacher Employment", West Publishing Company: 49

14 A.I. Heggerston 1948 "Extra Pay for Extra Work" The bulletin of the National Association of Secondary School Principals, Volume: 32 Issue: 157: 146-155

15 Averno M. Rempel 1961 "An Objective Approach to Extra Pay for Extra Work", The bulletin of the National Association of Secondary School Principals, Volume: 45 Issue: 267 : 1-11

16 Bd. of Ed. Asbury Pk. v. Asbury Pk. Ed. Assn., 368 A.2d 396 (N.J. Super. Ct. App. Div. 1976)

17 Thomas, Sperry, and Wasden 1991 "The Law and Teacher Employment", West Publishing Company, 1991: 57

18 前掲

19 G.M.Wong 2010 "Essentials of Sports Law Fourth Edition" Praeger: 432

20 U.S. Department of Labor, Wage and Hour Division Opinion Letter FLSA2009-10, FLSA 2018-6, 2018

21 笹島芳雄、2008,『最新アメリカの賃金・評価制度』、経団連出版、p186

22 R.R.Nasstrom 1985 "Non-Faculty Coaches in Small High Schools", non-journal, Paper Presented at the Annual Meeting of the National Conference of Professors of Educational Administration: 4

23 B L. Sisley, and D M. Wiese, "Current Status: Requirements for Interscholastic Coaches", Journal of Physical Education, Recreation & Dance Volume 58, Issue 7,1987: 73

24 前掲 22. 6

25 前掲 22. 22

26　S.Overman 2019 Sports Crazy: “How Sports Are Sabotaging American Schools”, University Press of Mississippi: 59

27　前掲 23: 77-78

28　The National Association for Sport and Physical Education（NASPE）, National Coaching Report, 2008: 21-33

29　外部指導者と資格については「外部指導者とコーチ免許制」（『体育科教育』2021（1）大修館書店）でもレポートした。

30　K.Hoffman, “Breaking down the top five concerns of athletic directors”, Coach&HD,2018, https://coachad.com/articles/athletic-directors-speak-survey-results/　最終閲覧二〇二一年八月九日

31　谷口輝世子 2021「アスレチックディレクターカンファレンスに参加して」『体育科教育』2021（3）大修館書店

第3章

課外活動の指導報酬はいくらか

第2章で見たようにアメリカでも判例では、運動部を含む課外活動指導は教員の職務の一部と捉えられている。教員の専門性や関心に関連し、妥当な時間量の課外活動であれば、管理職は教員にその仕事を割り当てることができ、報酬を支払う必要もない。ところが、多くの州では、学区教育委員会と教員組合との団体協約において、課外活動指導を追加の仕事とみなし、この仕事に対して追加の報酬を支払うように規定していることが一般的である。つまり判例よりも、教員組合と学区教育委員会の団体交渉と、それによって成立した協約によって、課外活動指導に報酬を支払うという労働の論理が取り入れられているといえる。アメリカでは、このような課外活動指導に対する報酬だけでなく、学区教育委員会と、教員団体交渉と団体協約が、教員の働き方を含めて公教育のありかたに大きな影響を与えてきた経緯がある[1]。

判例では課外活動指導は教員の職務の一部と捉えられており、教員の専門性や関心に関連していて、妥当な時間量の指導であれば報酬を支払う必要はない。しかし、これらは、教員が職務の一部として無報酬で引き受けるべき課外活動の妥当な時間や回数を数値で示していないことから、判例で条件が示された後も、学区教育委員会や管理職が興味や関心のない教員に対して運動部指導を求めるケースがなかったとは言い切れない。高橋哲の『現代米国の教員団体と教育労働法改革――公立学校教員の労働基本権と専門職性をめぐる相克』では、一九六〇年代以前の教員団体交渉の制度化以前の状況について、教員団体交渉に詳しいモスコウの先行研究を引用し「学区レベルにおいて、教員の給与体系や雇用条件は常に教育委員会によって一方的に決定されてきた。ゆえに教員の個人的な交渉はほとんど行われず、教育委員会の決定に対して、教師達は転職するか、あるいは闇討ちによってしか対抗できなかったのである」としている[2]。

アメリカで、公務員である教員の団体交渉が認められるようになったのは、他の労働者より三〇年遅く、一九六〇年代以降だった。一九三五年に「全国労働関係法」が連邦法として制定され、団結権、団体交渉権、団体行動権を保障する法的根拠が整備されたが、公立学校教員を含めた各州の公務員は同法の適用外とされてきた[3]。しかし、ニューヨーク市学区で二度のストライキを経て、一九六二年六月一日に団体労働協約［筆者注：高橋は団体交渉協約としているが、本書では団体協約と表記する］が締結すると[4]、一九六〇年代には教員の団体交渉を認める州が増えた。「アメリカにおける一九六〇年代の労働関係は『公務員の一〇年』として特徴づけられ、中でも教員組織の台頭は驚くべき現象の一つであった」[5]とされている。二〇二〇年時点では、全米五〇州とワシントンDC地区のうち、教員団体交渉と団体協約を認めていない州は六州だけだ[6]。

ただし、教員団体交渉が認められる以前にも、運動部指導に対する報酬が全く支払われていなかったわけではないのは、第2章で見てきたとおりだ。全米レベルでは恐らく半数程度の学区が運動部の指導に対して、謝礼や何らかのお金を支払っていた。それに、一九六〇年代はじめには、教員が指導する課外活動がさまざまで、時間的な負担や求められる専門性が異なることから、これに応じた報酬体系を明確化する試みがなされていた。こういったことから、州法によって教員団体交渉が認められる一九六〇年代には、運動部を含む課外活動指導に対する報酬を体系化する素地があったと考えられる。

教員団体交渉では何もかもを交渉できるわけではない。交渉の範囲は州法によって規定されている。コネチカット、デラウエア、イリノイ、カンザス、メリーランド、オレゴンでは、出席日数や登校日を定めたスクールカレンダーのように、教職員の勤務条件に関する事項であっても児童生徒の教育に影響を及ぼす事項を交渉することは禁じられている[7]。教員がよりよい労働条件を得ようとするあまりに、教育を受ける権利のある児童・生徒に不利があってはいけないということだろうが、ほぼすべての州で給与や労働時間などの労働条件は主な交渉項目に挙げられている。

教員団体交渉が認められた当初から、課外活動指導も交渉内容に含まれていたのかを文献で確認してみた。一九六六年に発行された“Collective Negotiations for Teachers An Approach to School Administration”[8]では、教員団体交渉における交渉範囲は州ごとの法律の影響を受けており、さまざまであるとしたうえで、給与交渉に含まれる可能性のある範囲を七項目挙げている。そのうちの一項目に「課外活動の任務に対して報酬は必要であるか。もし、そうであるならば、どのくらいか」とある。また、教員組合側であるＡＦＴ（アメリカ教員連盟）やＮＥＡ（全米教育協会）では、運動部を含む課外活動指導も教員団体交渉の範囲に積極的に含めようとしていたようだ。ＮＥＡでは「教育システムの質に影響を与えるすべての問題を交渉対象とすべきである」としており、ＡＦＴでも「交渉の範囲に制限を設けない」と述べているからだ。一方の雇用者側に当たる学区教育委員会は課外活動指導のような追加の任務の割り当ては管理者側の権利であると主張していたが、多くの学区において教員組合はこのような追加の任務について教員団体交渉のテーブルに上げることに成功していたという記述もあり[9]、課外活動の指導も交渉内容に含まれていたことがわかる。

実際の団体交渉協約では、課外活動指導がどのように規定されていたのだろうか。リバーマン、モスコウによる“Collective Negotiations for Teachers An Approach to School Administration”[10]から二つの事例を取り上げる。一九六六年一月一七日に成立したコネチカット州ニューヘブン学区の団体交渉協約では「教育委員会と組合は、課外活動が生徒だけでなく教師にとっても価値があることを認識しているが、追加報酬が支払われない課外活動への教師の参加は任意とする」と記している。報酬についての記述は見当たらなかった。

一九六五年のニューヨーク市学区の団体交渉協約では、条項六の「セッションごとの教師の給料と労働条件」に課外活動指導報酬が含まれている。この条項六には、課外活動の他に成人向けの学校、夏季期間中のサマースクールが対象になっている。ここでは、一セッションを指導単位とし、セッション数に基づいて報酬を決定している。指導者がいくつのセッションを指導したかを学区教育委員会に申請する形式ではなく、指導するべきセッション数が協約で定められている。たとえば、高校運動部では、アメリカンフットボール一〇〇セッション、陸上一二五セッションなどと規定されている。他校と試合を行わない校内運動部は（女子）と記述され、バスケットボール部、バレーボール部等で各三〇セッション、この他に雑誌部、新聞部は年間六〇セッション、オペラ部四三セッションなどと定められている。一セッションが何時間かは記述されていないようだった。

このほか、ウィスコンシン州のミルウォーキー学区では、教員団体交渉が制度化される以前の一九六二年に、教員に通知された勤務条件はわずか一枚の紙にまとめられ、課外活動については「授業時間に加えて週に四時間は正当で必要なものとして課外活動や生徒のサービスに費やされるべきだ」と書かれているだけだった。しかし、一九六四年に初めて教員団体交渉が行われると、勤務条件の詳細は四〇ページに増え、課外活動の追加の支払いについての報酬レートが含まれていたという[11]。

しかし、教員団体交渉が認められ、団体協約を締結した全ての学区が、課外活動指導の引き受けを任意としていたわけではない[12]。一九七〇年代後半から八〇年代後半にかけて、イリノイ州ノースクレイ・コミュニティ・ユニット学区の団体協約では、課外活動指導の引き受けは任意と規定されていなかった。この学区の体育科教員のなかに、競技経験のない複数の運動部の指導を引き受けていた者がおり、いくつかの運動部の指導から外すように学区教育委員会や校長に求めたが、受け入れられなかった。この体育科教員が裁判に訴えたところ、裁判では、団体協約で課外活動指導の引き受けを任意と規定していなくとも、学区教育委員会や校長は、課外活動の指導を割り当てる権利を無制限に行使できないと判断された[13]。

このように全ての教員団体交渉で課題活動の引き受けは任意であることを勝ち取ったわけではないが、一九六〇年代に入り、多くの州で法によって教員に団体交渉権が認められると、教員団体は運動部を含む課外活動指導を交渉の範囲に含めることに成功した。その指導の引き受けは任意か、報酬が支払われるのか、どのくらい支払われるのかを交渉をした。団体協約で運動部を含む課外活動指導は任意であると定めた場合は、指導を希望しない教員は、管理職や学区委員会から課外活動指導を命令されることはなく、負担は軽減されたといえる。さらに、団体協約で課外活動指導の報酬について定めたときには、課外活動指導を引き受けた教員は、労使間で合意した労働の対価を得られるようになった。

メリーランド州モンゴメリー郡公立学区の団体協約

次に実際の団体協約において、課外活動指導がどのように規定されているかを見てみる。一例として、メリーランド州モンゴメリー郡公立学区の二〇一一－一二年度の団体協約[14]を取り上げる。このモンゴメリー郡公立学区の教員の賃金制度と労使関係については、岩月真也著の『教員の報酬制度と労使関係――労働力取引の日米比較』[15]で詳しく取り上げられている。それによると、モンゴメリー郡公立学区はメリーランド州にある二四学区の中の一つの学区で、学区の財政は米国の中でも非常に恵まれている地域の一つであり、モンゴメリー郡公立学区の賃金制度はMCEA（モンゴメリー郡学区教育協会）とモンゴメリー郡公立学区の教育委員会との教員団体交渉で決められている。ただし、岩月の調査は、課外活動指導については対象としていない。

モンゴメリー郡公立学区の教員側の組合員の構成メンバーには、就学前教育から高校までの教員とソーシャルワーカー、言語療法士、作業療法士、カウンセラーらが含まれている。しかし、運動部のコーチを引き受ける外部からの指導者は含まれていない。モンゴメリー郡公立学区の二〇二一－二二年度の団体協約では、運動部を含む課外活動指導とその報酬は、給与と手当てに関する項目に続いて記述されている。冒頭で「モンゴメリー郡公立学区は、利用可能な財源があるという条件のもと、様々な課外活動において十分な資格を持つ支援者［筆者注：指導者を意味する］による指導と監督を行うことを意図している」とある。これらに続いて、特定の野外教育活動を除いて指導の引き受けは任意であること、できる限り組合員を活用するが、活用できない場合は組合員以外が活動の支援者やコーチを務めることができるとしている。つまり、教員の組合から課外活動の指導者を見つけられないときには、組合員以外＝外部の指導者を探すということだ。

指導報酬の金額については次のように定めている。まず、課外活動を三つのカテゴリーに分類している。カテゴリーⅠは、生徒会活動や読書クラブといった活動量の少ない活動、カテゴリーⅡは野外教育活動、カテゴリーⅢが日本の文化部に相当する課外活動、運動部の活動である。カテゴリーⅠは、年間で上限一〇〇時間までの労働に対し、一時間あたり一五ドル支払う。カテゴリーⅡは日払いで支払う。カテゴリーⅢでは、各活動の指導とマネジメント職を含めて一一一種類の報酬が定められている。カテゴリーⅢの内訳は、新聞部、演劇部などの文化部が三九種類、運動部とそのマネジメント職が七二種類で、それぞれに、報酬の金額が定められている。ここでは時間あたりや日給ではなく、年度単位やシーズン単位での金額である。

学区内の全校の運動部を管理するジェファリー・サリバン氏（システムワイド・アスレチックディレクター）に二〇二一年一月一一日にメールで取材したところによると、外部の指導者にもこの団体協約で規定した報酬額が適用される。つまり、外部の指導者は組合員ではなく、教員団体交渉にも含まれないが、団体協約で規定した報酬額を受け取っているということだ。運動部指導が教員だけでは足りないときには、外部指導者を雇用しているが、外部の指導者を呼びこむために、より魅力的な労働条件を提示することは、していない。したがって、団体協約による報酬額の規定は、外部の指導者の雇用促進を目的としたものでない。サリバン氏は「メリーランド州の法律により、教員は（運動部のコーチ職を得る優先権を持っている。そのため、組合が交渉を進めている」という。第２章で見たように、教員の運動部指導報酬そのものは、基本給に対して補助的なものであるとみなされており、モンゴメリー郡学区の課外活動指導報酬も給与に対して補助的な金額に留まっている。給与に対して補助的な金額が、外部の指導者にも適用されており、外部の指導者も、学校の運動部指導だけでは、生計を立てるのが難しいといえる。

各課外活動の報酬金額の根拠は、指導に必要な日数と時間である。これらはモンゴメリー郡公立学区の課外活動ハンドブック[16]の活動記述書で定められている。このハンドブックは一一四ページあり、全てのクラブ活動、運動部活動、文化部活動の指導を引き受けた教員や外部指導者が求められている仕事の内容とひとつひとつの仕事に要する見込み時間が書かれている。一般の企業では仕事の内容を明示した職務記述書に相当するものだろう。課外活動ハンドブックは団体協約には含まれていないが、サリバン氏はこのハンドブックについて「学区によって作成されているが、労使関係部を通じて労働者側と共同的に承認したものである」としている。したがって、ハンドブックは団体協約そのものではないが、協約で規定した報酬の金額の根拠となる指導日数と時間が書かれており、この協約の下位に位置する文書と解釈してよいだろう。

ここには、組合員から指導者を募る手順についても細かく定めている。具体的な手順として、まず、運動部を含む課外活動の指導者の募集は、教員に対して優先的に行われなければならない、と書かれている。前述したように組合員には教員の他に、ソーシャルワーカー、言語療法士、作業療法士、カウンセラーのような専門職員が含まれるが、組合員のなかでも教員が課外活動指導を担うことが優先される。

指導の継続に関しては、校長が指導を行っている組合員の仕事に満足しており、かつ、組合員が希望しているときには、優先的に次年度も指導を継続できる。ただし、いかなる課外活動の指導も終身雇用ではなく、教員として割り当てられるべきはずの仕事を全うせずに、課外活動指導を引き受けて指導報酬を得ることはできないと規定されている。

先に述べたように報酬金額の根拠は、指導に必要な日数と時間であるが、課外活動はその性質から州法で定められたカリキュラムや指導するべき時間数の規定がない。そこで、モンゴメリー郡公立学区では、運動部が加盟するメリーランド州公立中等学校体育協会の公式戦の日程、前年度の活動を参照し、学区の財源を各課外活動や男女で公平に分配することに配慮して、活動量の見積もりを行い、活動記述書を作成している。活動の財源を、男子生徒の活動、女子生徒の活動で公平に分配するというのはタイトルⅨを遵守するためだ。

職務記述書に相当する課外活動ハンドブックの内容はどうなっているのか。ハンドブックの冒頭には「活動内容に記載されている時間は、コーチが通常の勤務時間外に行うことが期待される最低限の要件に基づいている」と書かれている。活動記述書で定められた職務を全うできないケースについては「俸給が支払われるべき要件を満たしていない組合員は、まだ支払われていない俸給の一部を没収されなければならない。その判断は校長が行い、没収される金額は、俸給プログラムのために設定された時給に基づいて決定される」とされている。たとえば、シーズン中には週五日間、各二時間練習をすることを前提に報酬が定められているので、コーチが勝手に判断し、週一回、二時間の練習で終わらせることはできないし、そのようなことがあった場合には、定められた報酬から指導しなかった

表1　モンゴメリー郡公立学区　高校男子一軍アメリカンフットボール指導者

システム全体のディレクターが予定したシーズン前後の会議		5時間
8月の練習　8回	1回あたり3.5時間	28時間
50回の練習	1回あたり2時間	100時間
一軍の試合　10試合	1試合あたり4.5時間	45時間
二軍の試合　8試合	1試合あたり4時間	32時間
シーズン前の計画　会議を含む		39時間
練習計画と準備　50回	1回あたり0.5時間	25時間
試合の準備　　10試合	1試合あたり1時間	10時間
フィールドの準備		5時間
ロッカールームの見守り　60日	1日あたり1時間	60時間
移動		5時間
映像分析		35時間
シーズン終了後に求められるもの（用具、ユニフォーム、予算管理）		10時間
指導に要する時間の合計		399時間

時間分を返さなければいけないということだろう。ジェファリー・サリバン氏に生徒から活動時間を短くして欲しいという要望があったか、その場合はどうするのか、と尋ねたところ「私の知る限りでは（そのような要望は）ない」とのことだった。

具体的な活動記述書の事例として、モンゴメリー郡公立学区で最も指導時間が長い高校のアメリカンフットボール部一軍のヘッドコーチの活動記述書を取り上げる。活動期間は八月半ばから一一月上旬までとされ、前段部でコーチが活動全体の責任を負うことや、会議の出席、連絡、定められた健康調査等の書類の提出、生徒の学業成績のモニターなどが挙げられている。後段部では指導に必要な日数と時間を示している（表1）。

表1で示した指導に必要な日数と時間から総労働時間は三九九時間である。教員団体協約で規定されたアメリカンフットボール部ヘッドコーチの報酬金額五九八五ドルを、活動記述書の総指導時間数で除すると、労働一時間あた

表２　モンゴメリー郡公立学区　高校男子一軍バスケットボール指導者

システム全体のディレクターが予定したシーズン前後の会議			5時間
56回の練習		1回あたり2時間	112時間
18回の試合	二軍の試合時間も含む	1試合あたり4.5時間	81時間
2回の試合	一軍の試合のみ	1試合あたり2時間	4時間
シーズン前の計画(会議を含む)		10時間	10時間
各練習の計画と準備			28時間
試合の準備　20回		1試合あたり1時間	20時間
ロッカールームの見守り　76日			46時間
移動			10時間
シーズン終了後に求められるもの(用具、ユニフォーム、予算管理)			7時間
計			323時間

表３　モンゴメリー郡公立学区　中学男子バスケットボール指導者

シーズンの長さ　１１月下旬から２月上旬まで		
郡のシーズン前の指導者会議		2時間
18回の練習	1回あたり1.5時間	27時間
試合6試合	1回あたり2時間	12時間
シーズン前の計画		3時間
練習の準備　18回	1回あたり0.5時間	9時間
試合の準備　6回	1回あたり0.5時間	3時間
ロッカールームの見守り　24日間	1回あたり0.75時間	18時間
移動		4時間
シーズン後の会議など		4時間
計		82時間

りで一五ドルの支払いになっている。つまり報酬の金額は、生徒会、読書クラブなどのカテゴリーⅠの一時間あたり一五ドルと同額であり、課外活動指導を担う全ての組合員や外部からの指導者に公平に報酬を支払っていることが読み取れる。

　このような活動記述書によって、指導とその準備に必要な内容と時間を明示し、報酬額と対になる指導回数と時間の最低ラインを示していることで、これを大幅に超える長時間労働の抑止につながっている可能性はおおいにある。

そのうえ、実際に生徒たちに指導している時間だけではなく、指導に必要な準備の時間も労働時間としてカウントされていて、コーチの仕事の実態を反映した報酬にもなっている。しかし、団体協約によって報酬の金額について集団的に合意しているがゆえに、指導するべき回数や日数の最低ラインがあり、各指導者が個別的にこれを大幅に減らす裁量権は、あまり与えられていないともいえる。

やや話がそれるが、第1章で中学校の運動部の活動量は高校に比べると少ないとレポートした。あくまでもモンゴメリー郡公立学区のケースでしかないが、このハンドブックを使って、高校と中学の活動がどのくらいの違いがあるのか、高校の男子バスケットボール部（表2）と、中学校の男子バスケットボール部（表3）で比較してみる。

また、モンゴメリー郡公立学区の場合は、教員の給与額と、課外活動指導報酬額の関係はどのようになっているのか。二〇二一 - 二二年度のモンゴメリー郡公立学区の教員の賃金表を次に示す（表4）。モンゴメリー郡公立学区のなかで最も活動時間が長く、それゆえに指導者報酬の金額も高い高校の一軍アメリカンフットボール部のヘッドコーチの報酬は五九八五ドルであるから、学士卒の経験五 - 六年目の教員給与の約一割、修士卒経験二年目の教員給与の約一割で、修士卒で経験二五年以上のベテラン教員では、給与の五 - 六％になる。経験年数の浅い教員には、経済的な助けになるといえるだろうが、経験が長くて給与も高い教員には、給与に占める課外活動指導報酬の割合は低くなる。

表４　モンゴメリー郡公立学区の賃金表　2021-2022 年度（年収）

	BA	MA or MEQ	MA or MEQ+30	MA or MEQ+60
1	$51,513	$56,648	$58,282	$59,762
2	$52,293	$57,581	$59,989	$61,471
3	$53,831	$59,759	$62,260	$63,798
4	$55,416	$62,019	$64,617	$66,215
5	$57,046	$64,369	$67,066	$68,726
6	$58,695	$66,297	$69,099	$70,823
7	$60,935	$68,831	$71,741	$73,531
8	$63,259	$71,461	$74,483	$76,341
9	$65,676	$74,193	$77,330	$79,260
10	$68,185	$77,029	$80,287	$82,292
11		$79,975	$83,358	$85,440
12		$83,035	$86,548	$88,710
13		$86,213	$89,861	$92,106
14		$89,511	$93,301	$95,631
15		$92,180	$96,085	$98,486
16		$94,932	$98,953	$101,426
17		$97,764	$101,905	$104,452
18		$100,681	$104,948	$107,572
19		$103,689	$108,081	$110,783
20		$103,689	$108,081	$110,783
21		$103,689	$108,081	$110,783
22		$103,689	$108,081	$110,783
23		$103,689	$108,081	$110,783
24		$103,689	$108,081	$110,783
25		$106,010	$110,503	$113,264
経験年数				

注：BA（学士）MA（修士）MEQ（修士相当）＋ 30 単位　＋ 60 単位
　モンゴメリー郡公立学区の労使協定より作成
　注の表記は岩月の『教員の報酬制度と労使関係』を参照した

その他の学区の労使協定

ここまでメリーランド州モンゴメリー郡公立学区の労使協定と、そこで定められた課外活動指導の労働条件と報酬について見てきた。この学区では、課外活動指導の報酬は一時間あたりに換算すると一五ドルである。運動部や文化部の各活動については、指導に必要な時間数を見積もり、指導に必要な時間数×一五ドルとして報酬額を決めていた。どの活動の報酬も一時間あたり一五ドルではあるが、運動部の指導者が指導した時間を申請して報酬を得る方式ではなく、シーズン単位、または年度単位の報酬額として支払われている。だから、指導者が勝手に指導時間数を減らすことはできない。これは、学区教育委員会側にとって予算が立てやすく、指導を引き受ける組合員や外部の指導者にとっては安定して報酬を得られるというメリットがあるだろう。

第1章でふれたように米国には約一万三四〇〇の学区があるので、その種類だけ雇用契約がある。私はインターネット上で公開されている約一三〇の学区の団体協約を集め、課外活動の指導報酬についての規定に目を通したところ、モンゴメリー郡公立学区のように固定の報酬額としているところもあったが、それ以外の種類もあることがわかった。

1　教員としての給与表を基準に、給与の一〇%などと、給与の割合にもとづいて報酬額を決定し

ているもの

2　指導年数が長くなると、報酬額も高くなるもの

いずれも運動部の種目ごとに報酬が異なっており、指導時間数をもとに報酬が算出されているといえる。また、いずれもヘッドコーチとアシスタントコーチでは報酬が異なっていて、役職によって報酬が異なっているといえる。

活動時間の少ない課外活動、例えば校内で活動するクラブや小学校の課外活動では、指導した時間数に比例して報酬を支払う時間給形式のものもあった。しかし、確認できた限りでは中学校、高校の運動部は時間給による支払いではなく、モンゴメリー郡公立学区のようにシーズン単位で報酬の金額を設定しており、指導した時間を申請して、その時間分の対価を得る仕組みは見当たらなかった。

そして、教員組合と学区教育委員会で合意した課外活動指導報酬が外部の指導者にも支払われている。NFHSの編集委員であるデービット・ホーク氏からも「公立校では教員と教員でないコーチに支払われている金額は同じである」と回答を得た。

モンゴメリー郡公立学区の団体協約では、課外活動の指導者というポジションは、教員が外部指導者よりも優先的に得ることができた。この他に例えば、オハイオ州では州の法として、団体協約でそのように定めているかどうかに関わらず、運動部のコーチのような補助的なポジションの募集するときには、内部の教職員を優先することを定めている。

アメリカでは運動部を含む課外活動指導という労働条件について、一九六〇年代以降は、団体協約によって、その仕事内容と報酬が決められることが増えてきたが、外部の指導者が増えたのは一九七〇年代以降だ。学区教育委員会と教員組合が合意した課外活動指導の労働条件を、そのまま外部の指導者の労働条件も適用しているところが多いのではないだろうか。外部指導者を導入するようになったときに、学区教育委員会がフルタイムの外部指導者を雇用したり、外部指導者だけの給与体系を設けたりすることを避けたのかもしれない。

指導者による組合

学区のなかには、教員組合とは別に、課外活動を指導する教員と外部指導者で課外活動指導者組合という労働組合を結成しているところがある。ただし、課外活動指導は一般的にはフルタイムの仕事ではなく、パートタイムの仕事であるので、労働組合の結成については条件がある。

ワシントン州タコマ第一〇学区は、タコマ第一〇学区教育委員会と、コーチと課外活動リーダー協会による団体協約がある。二〇一五年－二〇二〇年の五年間有効の団体協約を公開している[17]。この団体協約でも、タコマ学区教育委員会と教員組合で合意した教員給与がベースになっており、二〇一五年の三万四〇四八ドルという年俸をもとに課外指導活動の報酬を決定している。課外活動の指導者による労働組合と学区教育委員会による団体協約でも、教員に支払われる給与がベースになっているから、ここでも、外部からの指導者の雇用を促進するための条件とはいえない。

全運動部を管理するアスレチックディレクターは教員の三三・四三％（一万一三七二ドル）。アメリカンフットボール部のヘッドコーチが一九・三九％（六六〇一ドル）、男女ともにバスケットボール部のヘッドコーチが一八・五二％（六三〇五ドル）、文化系活動であるディベート部が七・八％（二五六六ドル）、演劇部が九・七五％（三三二〇ドル）となっている。また、長く指導を続けているコーチには年数に応じて、割合の上乗せがある。

このほかに、運動部活動によるけがの予防や、ケガの発生時に対応するアスレチック・トレーナーは、学校外の医療提供サービスからやってくるとしており、このアスレチック・トレーナーには年間で教員の基本給の四二％を支払うとしている。アメリカの学校運動部はパートタイムなど何らかの形での関わりを含めると、およそ六六％の学校にアスレチック・トレーナーがいるといわれている[18]。

第2章でアメリカではコーチが講習を受けて適切な知識を持っているかが、運動部やユーススポーツを語るうえで重要な議題になっているとレポートしたが、こういった講習を受ける時間は対価の発生する労働と捉えられているのだろうか。タコマ第一〇学区教育委員会の団体協約では、運動部のコーチが州の高校体育協会などの指導者要件を満たすために講習を受ける場合には、学区教育委員会と教員組合の団体協約で定められた教員がワークショップに参加するときと同じ手当が支払われることが定められている。ただし、心肺蘇生、応急処置、ＡＥＤの受講時間に対しては、手当は支払われないなどと、細かく規定している。

報酬だけでなく、労働の条件についても細かく規定されている。仕事の内容は練習や試合の見守りや監督であり、各ヘッドコーチはアスレチックディレクターと校長と連絡をとりあい、活動時間と仕事の割り当てについて決定する。このほかに、次年度の指導の継続を希望しない場合の報告先や、逆に校長側から次年度の指導を依頼しない場合の通知手順も決められている。

モンゴメリー郡公立学区の団体協約においても、タコマ第一〇学区教育委員会と課外活動指導者との団体協約においても、運動部指導者の採用のプロセスを含む労働条件について細かく労使間で取り決めているといえるだろう。

運動部のコーチ職を巡る労働仲裁

このように学区教育委員会と教員組合の団体協約において、運動部指導に関する労働の条件についてさまざまな取り決めがなされている。それでも、団体協約に違反している、学区教育委員会の規則に違反しているのではないか疑問を持ったり、不満を持ったりすることも起こってくる。これらが解決しない場合にはどうするのか。多くの学区教育委員会と教員組合の団体協約には、労働仲裁制度を活用できることが記されている。このような労働仲裁制度は、学区教育委員会と教員組合の団体協約だけでなく、企業と労働者の紛争解決でも使われている。

運動部の指導を巡って労働仲裁には持ち込まれているケースについて“The Impact of Teacher

Collective Bargaining Agreements on High School Coaches"[19]から三つの事例を取り上げる。この調査は、学区教育委員会と教員組合の団体協約が、高校運動部のコーチに与える影響を調べることを目的としたもので、二〇〇九年から二〇一四年の労働仲裁のデータベースを分析している。ここでは、コーチの組合と学区教育委員会の団体協約ではなく、教員組合と学区教育委員会の団体交渉協約を対象にしている。

コーチ採用の優先順位

六年間の四五件の労働仲裁のレビューをしたところ、最も多かったのは非組合員の雇用に関するものであり、二七件あった。明示的または黙示的に組合員に優遇措置を与える団体協約の文言に対して違反があったと訴えるものが多かった。組合員である教師は、組合員ではない外部の指導者よりも、優先的に採用を検討されるという規定なのに、そうではないとして仲裁に持ち込まれている。

ある高校の教員が、その学校のアメリカンフットボール部のコーチ職に応募したが、外部の指導者がコーチ職として雇われ、これは団体協約違反であると不服申し立てをした。この事例では、仲裁者は、内部の応募者である教員が以前にコーチング経験を有していたことを考慮し、この組合員をコーチ職に適格ではないと判断したのは、学区教育委員会の裁量権の逸脱とし、組合員は適格者であればよく、外部の候補者よりも適格である必要はないとした。つまり、組合員である教員の応募者は、外部の候補者に比べてより適任かどうかではなく、その組合員である教員が適任者かどうかだけを判断すればよいということだ。

しかし、異なった判断がされているケースもある。教員で野球のコーチ経験のある組合員がソフトボールのコーチに応募したが、ソフトボールの指導経験ある非組合員がコーチとして採用されたことで、不服申し立てをした。この学区の団体協約は、適格な教師が応募してこない場合は、労働組合員以外の者にコーチ職を割り当てることができると明示している。これをもとに、仲裁者は、不服申し立てした教員は以前に野球のコーチをしていたが、ソフトボールのコーチはしていなかったという事実を考慮し、学区教育委員会が外部の指導者を採用したのは不合理ではなかったとした。

いずれも団体協約が、課外活動の指導者を決めるにあたって、どのようにして採用を決めるか、組合員と非組合員の採用における優先順位をどのように規定しているかが、仲裁時の判断材料になっている。

無償ボランティアコーチ時代の指導は「勤務」として認められるか

アメリカの運動部のコーチには、指導という労働に対する対価が支払われているが、ボランティアとして運動部のコーチをすることを禁止するものではない。団体協約で、指導の経験年数によって課外活動の報酬の額があがると規定している学区では、次のような訴えがなされた。ある学区では、アメリカンフットボール部のアシスタントコーチとして貢献した二名の教員が、学区教育委員会に対し、自発的な無償ボランティアだったときの年数も、指導年数と数えて、現在の報酬額を算出するように求めた。しかし、仲裁者は、ボランティアでの指導期間は指導経験年数として加算しないという学区教育委員会の見解を支持した。根拠になったのは、過去の裁判だ。ある教師が年度はじめにボランティアでやっていたことが、年度半ばには同じ活動をしながら報酬を得ている人がいることを知った。そこで、自分にも活動の対価を支払って欲しいと訴えた。しかし、有給のポジションであったならば、この教師が採用されたかどうかわからないと判断されて、教師の訴えが却下された。無償ボランティアだから、コーチをしてもらっていたのであり、指導の対価を払うコーチならば採用していたかどうかはわからない、だから、無償ボランティアを指導経験年数として数えて、報酬額を算出することはできない、ということだ。

運動部のコーチを辞めるならば、教員もやめなければならないか

高校の運動部コーチは、学区教育委員会と終身雇用契約を結んでおらず、一年ずつ更新していくことが一般的だ。前述したように、校長とアスレチックディレクターがコーチ人事を担当し、不適切な指導があれば、コーチ職から外すこともしている。しかし、教員は終身在職の権利を得ている人が多く、学区教育委員会が教員を解雇するためには、コーチ職から外すよりも、複雑な手続きを踏まなくてはいけない。コーチとしては不適切な指導があり、コーチ職から解雇したが、教員としては不適切な指導を行っていないので、教職には残るというケースもある。以下は、私が二〇二二年一一月にスポーツニュースサイトの THE ANSWER に寄稿した内容の一部である[20]。

昨年、カリフォルニア州サンディエゴの高校でバスケットボール部の指導者がコーチ職から解雇された。地元メディアによると、この高校は白人生徒が多いのだという。このバスケットボール部がラテン系の生徒の多い高校チームと対戦したときに、一部の選手が人種差別と受け取られる行動をした。試合終了後、対戦相手にトルティーヤ・チップスを投げつけたのだ。このチップスはメキシコ料理と認識されていることもあり、人種差別とみなされた。コーチ自らがチップスを投げつけたわけではないが、試合終了時に対戦相手のコーチと言い争いになっていたこともあり、指導不十分とみなされ、コーチ職をクビになったのである。人種差別は許されない。このコーチは、学区内にある小学校の教員でもあった。コーチ職は解かれたが、小学校の教員はクビにならなかった。

ミシガン州の高校アメフト部ではヘッドコーチが選手の襟首をつかみながら詰め寄ったことが不適切指導に相当するとみなされてコーチ職を解かれた。このコーチは、同じ高校の体育教員でもあり、体育科の指導は継続している。コーチとしては不適切な指導をしたが、教員としては間違った指導をしていない場合の処遇は、倫理的な問題以外にも、学区教育委員会との教員としての契約、コーチとしての契約がどのようになっているかによっても左右される。

教員・指導者の労働市場

ここまで二つの団体交渉協約に加えて、仲裁のケースを見てきたが、アメリカの学区教育委員会と教員組合の団体交渉協約は、外部の指導者に来てもらえるようにという目的で、指導報酬を設定するようにはなっていない。しかし、各学区教育委員会ともよりよい教員を雇用したいと考えている。他の学区教育委員会に比べて、よりよい労働条件を提示できれば、よい教員を雇用できる可能性が高まる。学区教育委員会は、他の学区教育委員会に比べて、よりよい労働条件に加えて課外活動指導を引き受けたいと思える条件を提示することで、労働市場で有利に立つという戦略をとっているとはいえるだろう。

運動部を指導した場合、報酬としてもらえる金額は、学区によって違っている。最も労働時間の長い高校アメリカンフットボール部のヘッドコーチは、モンゴメリー郡公立学区が五九八五ドル、タコマ第一〇学区が六六〇一ドルだった。フロリダ州ピネラス郡学区では、高校アメリカンフットボール部のヘッドコーチは経験年数三年以下の場合は三七四九ドル、一〇年以上の場合は、四二八〇ドルの報酬となる。この学区は、二〇二三－二四年度の四年制大学を卒業した一年目の教員の給与は五万二〇〇〇ドル（全米平均では四万二八四四ドル）で、モントゴメリー郡公立学区の学士取得者の初任給五万九六四〇ドルと大きな差はないが、課外活動指導の報酬はあまり高くないといえる。

フロリダ州ピネラス郡学区のダンイーデン高校の数学科教員で、女子のフラッグフットボールや男子のアメリカンフットボール部のコーチをする人に話を聞かせてもらう機会があった。二〇二三年二月のことだ。

この先生は「秋には男子のアメリカンフットボールのコーチをしていて、この時期（二月）は、女子のフラッグフットボールのコーチをしている。秋のアメリカンフットボールはより時間的なコミットメントも求められる。この女子のフラッグフットボールが終わると、春にはスプリング・（アメリカン）フットボールが始まるので、そのコーチもしている」と言う。夏の間も生徒たちに練習の機会を提供していて、ほぼ一年中、コーチをしている。

わたしは、「失礼なことをお聞きするかもしれませんが」と前置きし、団体協約で決められた課外活動の報酬一覧表を取り出し、女子のフラッグフットボールの指導報酬は約二〇〇〇ドルで十分な報酬額ではないと思えるが、と切り出すと、この先生は「これをみると、お金のためにコーチしているのではない、とわかってもらえると思う」と話した。

テキサス州は、教員の団体交渉はできない州であり、団体協約はない。テキサス州はアメリカンフットボールが盛んな州だ。二〇二三年一一月九日のヒューストン・クロニクル電子版によると、ヒューストン地区で最も報酬を得ているコーチはアスレチックディレクター兼アメリカンフットボール部のヘッドコーチという肩書で、一七万九〇〇〇ドルだという[21]。これは学校の管理職としての報酬にアメリカンフットボール部のコーチ職をあわせての金額だ。

また、ジョージア州も教員の団体交渉権を禁じている州だが、二〇一九年三月の地元メディア、ファースト・コースト・ニュースによると二〇一七－一八年度では高校のアメリカンフットボール部で一〇万ドル以上の報酬をもらっているコーチが少なくとも四四人いるといわれている[22]。しかし、ここでも一部の例外はあるが、高額の報酬を得ているアメリカンフットボール部のコーチは、アスレチックディレクターも兼任していることがほとんどだ。

二〇二三－二四年シーズンの大学のアメリカンフットボール部で、最も報酬を得ているのはアラバマ大学のニック・セイバンヘッドコーチ（今季限りでの退任を発表）で年俸一一〇〇万ドル[23]だが、高校のアメリカンフットボール部のコーチは、アスレチックディレクターを兼任しても一七万ドルが最高レベルだ。大学の強豪アメリカンフットボール部のヘッドコーチは、プロのアメリカンフットボールリーグＮＦＬのヘッドコーチに引き抜かれることがあり、大学はよりよいコーチに来てもらうためには、ＮＦＬと競わなければならない。これが、大学のアメリカンフットボール部のヘッドコーチの年俸が高額になる一因だ。

高校のアメリカンフットボール部のヘッドコーチは、他校との引き抜き競争はあるかもしれないが、公立高校ならば、どこも極端に高額の報酬を出すことはできない。多くの高校運動部コーチは、高い報酬はもらっていない。ときには、生徒である高校生がファストフード店でアルバイトするほうが、高校運動部のコーチをするよりも、儲かるくらいだ、という自虐的ジョークを耳にすることもある。

コーチの働き方――マット・マートンへのインタビュー

マット・マートン（元阪神タイガース選手、メジャーリーグではカブスなどでプレー）は、現在テネシー州の私立高校野球部のアシスタントコーチをしている。二〇二三年三月に運動部のコーチとしての働き方を含むアメリカの運動部について話を聞かせてもらった。また、この野球部のマイヤーズヘッドコーチにも同席してもらった。

まずアシスタントコーチになったきっかけについて聞いた。

「（学校には）僕の子どもたちも通っている。プロ野球選手としてのキャリアを終えた後、シカゴ・カブスで三年間、働いていた。新型コロナウイルスが発生したころに、カブスは構造改革を行っていて、僕はこれまでとは別の役割を担当することになった。家族のことを考えると、その役割を担うには適切な時期ではないと感じた。だから、僕はカブスを離れた。そうしていたところ、野球部のマイヤーズコーチから誘われた。僕が、たくさんの人にしてもらったことを、一六歳から一八歳までの若者たちに与えたいと思った。コーチングは、そのチャンスを与えてくれるものだった。自分が学んだことを彼らに教えて手助けをする。彼らにゲームを教え、人生について話す手段としてゲームを使う。それが、この仕事をしたいと思った理由だ」

マートンは、この学校の野球部が加盟するテネシー州中等体育協会（以下ＴＳＳＡＡ）のコーチ資格を得て指導をしている。マートンは、この学校の教員ではないが、職員として働いている。したがって、外部のコーチではないが、教員でもない。ＴＳＳＡＡのコーチ資格は、教員であるか否かも含めて四つにわかれており、マートンは以下の「４」に相当する。

・ＴＳＳＡＡコーチング要件

すべてのコーチは、毎年、ＴＳＳＡＡに登録しなければならず、以下のいずれかに該当する

1　テネシー州の教員免許、または同等の免許を持つフルタイムの教員（最低日数一〇〇日）

2　退職した教育者（五年以上の経験）で、有効なテネシー州の教員免許またはそれに相当する免許を持っている。

3　教職員ではないコーチで、州法に従った雇用手続きにおいて、校長、教育長、および／または地方教育委員会が承認した者。

4　学校の職員と分類されているコーチで、教員免許またはそれに相当するものを必要としない職位で、加盟校や加盟校の学区に雇用されている者。職員と分類されたものは、教職以外の職種で週三〇時間以上雇用されていなければならず、独立した請負契約者または独立した請負契約業者の従業員であってはならない。

マット・マートンさん（左）
ブラッド・マイヤーズさん（右）

それぞれのカテゴリーで、コーチ資格を満たすための要件が異なる。中学校・高校の教員ではないコーチは、毎年、（コーチとしての雇用について）校長または教育委員会の承認を得たうえで、毎年、校長がTSSAAに届け出なければならない。指導を始める前にNFHSのFundamentals of Coaching（コーチングの基礎）」および「First Aid, Health, & Safety for Coaches（コーチのための応急手当、健康、安全）」コースを修了しなければならない。ただし、NFHSのコース終了はSEP（American Sport Education Program）のコースかTSSAAのコースでも代替できる。

マートンは、これらのコースを修了しており、これについてはこのように答えた。

「講習を受けなければならなかった。かなり時間をかけて行われる講習だった。それから、毎年、脳震盪とその対応手順、熱中症とその対応についても講習を受けている。野球部のヘッドコーチは私がこの講習を受けていることを確認している。コーチの手伝いをする前に、それをやって講習の修了書を提出しなければならない」

一部で例外はあるとはいえ、アメリカでも学校の運動部のコーチだけでは、生計を成り立たせることは困難なので、他に仕事を持っている人が多い。教員をしながら運動部のコーチをしたり、他に仕事を持ちながらコーチをしたりしている。マートンは学校の職員として働いて、野球部のアシスタントコーチもしており、子どもたちの父親である。マートンは、野球部のコーチ業と、仕事、家族とのバランスをどのようにとっているのか。

「僕はアシスタントコーチであり、ヘッドコーチがいる。ヘッドコーチは、僕が自分の子どもの試合に行けるように柔軟性を与えてくれている。僕は九歳と一一歳の子どものチームの手伝いもしている。だから、僕の時間管理法は、コーチとコミュニケーションを取り、自分が関わっている他のこととバランスを取ることだといえる」

そういって、マートンは、私にヘッドコーチであるブラッド・マイヤーズコーチを紹介してくれた。マイヤーズコーチはこの私立高校の野球部のコーチであるだけでなく、運動部全体の管理職的な仕事も行っているそうだ。指導歴は三〇年以上で、さらに、テネシー州の高校指導者の殿堂入りもしている。マイヤーズコーチに聞いた。

——練習や試合の頻度はどのくらいなのか。

「試合をするのは三月から五月の終わりまで。だいたい四〇試合から五〇試合をしている。試合は二時間三〇分くらいで、試合前の準備や練習で、全部で三時間三〇分くらい」

——オフシーズンの練習はどのくらいやっているか。

「秋の期間は八月から一〇月までで週三回、冬期間の一一月から二月までで、週四－五回。これは、ＴＳＳＡＡのオフシーズンの活動ルールに則って、コンディショニングのプログラムの提供するにとどまっている。うちのチームは大学の野球部に進む生徒もいるのだが、秋と冬期間には別の種目の運動部に入っている生徒もいる。野球部としての公式な練習開始日は二月一三日。夏休みはサマーチームを作って活動している」

この夏休みのサマーチームは、正式なトライアウトをして編成したチームではないので、前のシーズンの野球部員であっても参加を義務付けられていない。自由参加だが、ほとんどの野球部員が参加しているという。そして、ほとんどの野球部員は、夏の間は高校のサマーチームに参加しながら、さらに別の野球チームでも活動しているという。

マイヤーズコーチ、アシスタントコーチのマートンは私立高校野球部で指導をしているが、この学校では運動部の指導手当は出ているのだろうか。

「補助的な報酬はもらっている。公立校だとだいたい給与の一〇%くらいと聞いている。私立高校では、公立とは全く違っていて、その高校がそれぞれの運動部のプログラムをどのように位置づけているかによる。公立校の補助的な報酬よりも、もっと高い金額をもらっている学校もあるが、私たちの学校はそうではない」（マイヤーズコーチ）

「あなたがグラウンドに出てやっている仕事に感謝しています、ということをあらわすものといえる」（マートン）

わずかながら報酬は出ているが、公立高校の運動部の指導報酬の「相場」である年単位の給与の一割程度の範囲であるようだ。マートンの言葉の意味するところは、謝礼の意味としてわずかな指導報酬が出ているということだろう。

日本の野球文化に敬意を持っているマートンに、日本の運動部、アメリカの運動部の違いはなにかを聞いた。マートンは、日本で実際に見た野球部と、自分がアメリカで生徒として指導者として経験しているアメリカの野球部の比較を試みて、次のように話した。

「日本のほうがより規律正しく、より一貫性を持っていると思う。アメリカには高校生のピッチャーで時速九八マイル（約一五八キロ）の球を投げる子たちがいる。それが一般的とはいえないが、そういう子どもたちはいて、アメリカの上位の高校生選手たちは身体的にとても強いといえる。一方、日本の子どもたちのほとんどは、より若い年齢で潜在能力をフルに発揮できるようになっている。日本の子どもはその体の能力を、よりフルに近いところまで発揮している」

日本の運動部に提案はあるかと聞くと、マートンは慎重だった。日本についての知識は限りがあるので、自分の知っていることに基づいてしか話ができないと前置きした。

「（日本の）子どもたちは、早い年齢からプロのような姿勢でやっている。その子どもたちの多くは、将来NPBでプレーしない。野球に全てを捧げてきたから、他に選択肢がないという少年もいる。だからバランスが重要だと思う。そのバランスとはいったいどこにあるのか、どのようにしてバランスをとるのかは、（野球を取り巻く）カルチャーや、コーチが見出していかなくてはいけないのではないだろうか。これは、もちろん、アメリカでも必要なことだ。我々は子どもたちの人生の重要性、教育の大切さ、五年後にはもう野球をやっていないかもしれないことを見失っていないか」

早い年齢からプロのような姿勢でやっているという表現は、日本の子どもたちのほうが早い年齢で、持っている能力をフルに近いところまで発揮できているという見方とつながっているのだろう。何かに一途に打ち込むことは、日本では賞賛されているし、そのほうが短期的には競技能力の向上でもスピードアップする。しかし、一途に打ち込むあまりに、子どものときに身に付けたほうがよい他の何かを切り捨てていないかにも注意する必要があるということだろう。

一九七〇年代から二〇〇〇年代の働き方と運動部の変化
――デュークス・クナットソンへのインタビュー

一九七〇年代から二〇〇〇年代にかけてミネソタ州の高校の教員として複数の運動部のコーチを務めたデュークス・クナットソンさんに、当時の運動部の話、働き方、運動部の価値などを聞いた。勤務していたミネソタ州の高校からポジティブなロールモデルであり、生徒たちの模範となる人物と評価されて殿堂入りしている人物でもある。すでに、教員の仕事は引退し、現在は、メジャーリーグ、タンパベイレイズの記者席のスーパーバイザーとして、働いている。二〇二三年四月にタンパベイレイズの本拠地であるトロピカーナーフィールド記者席で話を聞いた。

――どのような運動部のコーチだったか。

「私は体育、保健、ジャーナリズムを教えていた。多くの運動部のコーチをしたが、主にやったものは、アイスホッケー部と野球部だ。陸上、水泳、アメリカンフットボールのコーチも少しやった」

――シーズン中はどのくらいの活動時間だったのか。

「一般的には、授業は基本的に朝の七時半から午後三時半までの八時間。コーチングしたのは放課後の四時から六時まで。試合の日は、夜七時か八時まで試合をしていたと思う」

――三〇年以上、高校の教員として運動部指導されているが、最も大きな変化はどのようなことか。

「私が一九七三年に始めたときには、子どもたちにポジティブな経験をさせることに重点が置かれていた。勝つことが第一ではなかった。でも、年月が経つにつれて、勝つことがより重要になった。高校のレベルでは、それはよい傾向ではないというのが私の意見だ。ここ（メジャーリーグ）ならば、勝つことはとても重要だが」

――ひとつの種目に絞る生徒が増えてきたとは感じるか。

「それはもうひとつの変化といえる。ひとつの種目に絞るようになっている」

――ひとつの種目に絞ることが増えたと感じるようになったのは、いつごろか。

「はっきりとはなんともいえないが、一九九〇年代に入ってからではないか。私は二〇〇七年に運動部の指導からは引退して、一六年も経っている。でも、その傾向はまだ続いていると思う。私はこの傾向も好きではない」

――なぜ、そうなっていると思うか。

デュークス・クナットソンさん

「子どもたちが大学でプレーしたいと考えていることが関係していると思う。大学からの奨学金を得たいために高校時代にはひとつのスポーツにすべての時間を捧げなくてはいけないと考えている。保護者も自分たちの子どもを高く評価しすぎているところがある。大学から奨学金をもらえると考えているが、実際はそうではない。私は子どもたちには、子どもであってほしい。早くから重圧を与えることはやめよう」

――運動部のコーチをして、一番、よかったことは何か。

「つながりだ。私が初めて教えた生徒は六七歳になっているが、今でもつながりがある。これは近代的なテクノロジーのおかげでもある。私は、ソーシャルメディアは好んでいないが、フェイスブックやリンクドインによって維持できているつながりもある。今朝も教え子の一人と食事をしてきた。生徒が成長し、大人になっていくにつれて、コーチの醍醐味をより感じられる」

――あなた自身は高校で運動部の経験があったのか。

「私はひどいアスリートで、トライアウトにいったのだが、チームには入れなかった。他の方法でスポーツとつながり続けることを見つけた。アイスホッケー部の生徒マネジャーをし、学校の新聞部のスポーツ編集者になった。私は今、七二歳だけど、こうやってスポーツ界で働いている」

――コーチとしてはトライアウトで生徒をカットする立場でもあった。

「コーチとしては最もつらい仕事だ。例えば、アイスホッケー部で二〇人選手を取りたいときに、八〇人、一〇〇人がトライアウトに来る。まず、第一次カットをする。そのときは（残った選手の）

名前のリストを張り出すだけだ。最終カットでチームに入れなかった選手には、ひとりひとりにとても近いところにいたと伝えた。最近のメジャーリーグのスプリングトレーニング中にこんな経験をした。かつて、私がコーチをしていた高校の野球部のトライアウトでカットされた生徒、生徒といっても、もう六一歳になっているのだけれど、彼といっしょに野球を見た。つながりが続いているということもある」

――あなたが教員になり、運動部を始めた七〇年代後半から、外部の指導者を入れる動きが出てきたようだけど、あなた自身の体験はどのようなものだったか。

「一九七三年に、私は教師として採用された。そして、あのコーチをやれ、このコーチをやれと言われた。君はホッケーのアシスタントコーチになると言われた。私はホッケーのコーチなんてやったことがなかった。今では、まず、アメリカンフットボールのコーチを採用して、あなたはあれ（教科）も教えなさいと言われる。私が採用されたころとは反対になっている。私はこれもおかしいと思っていて、まず、教師を採用するべきだと思っている」

――あなたが教員として採用されたとき、運動部のコーチをすることは契約に含まれていたのか。

「私が言われたのは、我々はあなたを教員として雇うが、アイスホッケーのコーチもやってもらうと。私は決断しないといけなかったので、やります、と言った」

――一九七〇年代と比べて外部指導者は増えたと思うか。

「もちろん。今は、教員でない人をコーチとして雇うことが当たり前になっている。でも、ミネソタ州では今でも教員の雇用の契約に、その教員が望むならば、外部のコーチではなく、その教員が最初にコーチをする権利が与えるということになっているはずだ」

――あなたが教員としてコーチをしていた時、指導の対価は得ていたか。

「イエス。でも、ほとんどの先生やコーチにとって、とてもわずかなものだった。私はコーチをすることが好きだったので、対価がなくてもやっていたと思う。だから、お金が少なすぎると不満を言ったことはない」

――あなたが教員としてコーチをしていたとき、運動部を支援するブースタークラブはあったか。

「野球部のブースタークラブというものではなく、全体のブースタークラブだった。何かを提供するというものではなく、保護者があなたたちを応援しているよ、というものだった」

――教員でありながら、運動部のコーチをするのは忙しいと思うが。

「三四年間を振り返ってみて、ゲームの複雑さを教えるという点では、私は最高のコーチではなかったことは確かで、これは認める。しかし、私が重視していたのは人と人との関係であり、人としてのあり方、良き社会人としてのあり方を学んでほしいということだった。これは謙遜して言うが、私は勤務校の殿堂入りを果たしている。しかし、それは、私が（ゲームの複雑さを教える）最高のコーチであったからではない。生徒たちを愛しているか。そうすべくように生徒に接していたか、なのだ。それが高校という場所なのだ」

クナットソンさんが教員として採用された一九七〇年代初めには、採用されるにあたって、経験のないアイスホッケー部のコーチをするように求められた。コーチを断れば、教員としての採用も取り消されるリスクがあったようだ。これは第2章で見た運動部の指導者をリクルートするにあたって校長が「教員採用時に運動部コーチの必要性、重要性を説明する」としていたことや「契約継続を使う［筆者注：終身雇用の資格を得ていない教員に対し、契約継続を条件にコーチの引き受けを求める］」にあてはまるだろう。

最後の言葉に付け加えておくと、クナットソンさんは威圧なところは全くなく、自慢話を聞かせたりする人ではない。春のキャンプ地では、誰よりも早く記者席にやってきて、朝の光のなかで読書をしている。アウェーチームの担当記者がお世話になるのは、年に数回だが、それでも、つい言葉を交わしたくなる雰囲気をまとっていて、話をしたあとはさわやかで明るい気分にさせてくれる人である。消防士でありながら、外部の指導者として高校のレスリング部のコーチを二〇年間務めたピート・ジェイコブソンさんにも取材した。ジェイコブさんの働き方については「消防士をしながら部活指導者を両立　米国のレスリング名コーチに聞く『外部コーチ業』の裏側」として、THE ANSWER に二〇二三年九月七日付で掲載してもらっている。https://the-ans.jp/column/352325/

〔付記〕

この第3章の前半は「子ども未来・スポーツ社会文化研究所」の二〇二二年度年報に掲載された「米国の団体交渉協約にみる労働としての運動部指導と教員の働き方」を加筆修正したものである。

■注・文献

1　T. E. Moe 2006 "Union Power of and the Education of Children" in J. Hannaway and A.J. Rotherham (eds) Collective Bargaining in Education, Harvard Education Press

2　高橋哲　2011『現代米国の教員団体と教育労働法改革——公立学校教員の労働基本権と専門職性をめぐる相

克』風間書房：28

3 前掲書：2

4 前掲書：1

5 小川正人 1978「アメリカの教育委員会制度と教員の団体交渉権――教育の行政参加と制度改革」『東京大学教育学紀要』（18）：226

6 Education Commission of the States 2020 https://reports.ecs.org/comparisons/teacher-employment-contract-policies-09

7 市田敏之 2005「米国における教員団体交渉に関する州法規定の分析」『広島大学大学院教育学研究科紀要』第三部（54）：66

8 M. Lieberman, M. H. Moskow 1966 “Collective Negotiations for Teachers An Approach to School Administration” ,Rand McNally: 222

9 G.J. Thomas ,D.J. Sperry 1993 “The Emerging Case Law on Extra Duty Contracts Implications and Guidelines for Practicing School Administrators” Journal of School Leadership, Volume: 3 issue:2: 179

10 前掲書 8：594-598, 670-672

11 M. Hartman 2000 “Collective Bargaining in Milwaukee Public Schools” T.Loveless（eds）, Brookings Institution Press: 119

12 谷口輝世子 2022「体育教師は運動部指導を引き受けなければいけないか」『体育科教育』2022（3）大修館書店

13 P.A.Zikrel,I.B.Gluckman 1990 “Extracurricular Assignments”, NASSP Bulletin, Volume: 74 issue: 526: 109-112

14 https://www.mceanea.org/wp-content/uploads/sites/2/2021/07/0355.21_MCEA_2021-2022_Contract-3.pdf 最終閲覧日二〇二二年一月六日

15 岩月真也 2020『教員の報酬制度と労使関係――労働力取引の日米比較』明石書店：150-188

16 https://www2.montgomeryschoolsmd.org/siteassets/district/departments/ersc/employees/timekeepers/eca_handbook_current.pdf　最終閲覧日二〇二三年一月六日

17 https://www.tacoma-ea.org/file_viewer.php?id=6741

18 R. A. Huggins, K A. Coleman, S. M. Attanasio, G. L. Cooper, B. D. Endres, R.C. Harper, K. L. Huemme, R.F. Morris, A. M. P. Lacy, B. C. Peterson, R. R. Pryor, D, J. Casa 2019 Athletic Trainer Services in the Secondary School Setting: The Athletic Training Locations and Services Project. J Athl Train 1 November 2019; 54 (11): 1129–1139.

19 H. M. Shrage and C.Hamakawa 2017 "The Impact of Teacher Collective Bargaining Agreements on High School Coaches", Marq. Sports L. Rev: 373

20 谷口輝世子 2022.11.1「部活の地域移行で考える課題　不適切指導したらコーチ職はクビ、教員職としてはOKか」https://the-ans.jp/column/277537/

21 J. Criswell　2023.11.9 "High school football salaries: How much coaches in the Houston area make" https://www.chron.com/sports/highschool/article/high-school-football-salaries-18462668.php

22 M.Head, A.Osiadacz 2019.3.18 "Big Business: Number of Georgia high school football coaches making six-figure salaries has doubled in five years" https://www.firstcoastnews.com/article/news/do-not-publish-georgia-high-school-coaching-salaries-is-big-business/77-99d3cec6-0852-4d81-a563-117fd68b7c93

23 USA Today 2023.10.3 "Highest-paid college football head coaches" https://www.usatoday.com/picture-gallery/sports/ncaaf/2023/10/03/college-football-highest-paid-head-coaches/70901314007/

第4章

学区教育予算の獲得と教育的価値

この章では、アメリカの学区の予算という観点から、学校教育におけるアメリカの運動部のポジションについてレポートする。

NFHS（National Federation of State High School Associations）では、"The Case for High School Activity"（高校課外活動の論拠）[1]というレポートで、学区の予算のうち一 - 三%または、それ以下を運動部予算にしている学区が多いとしている。さらに、この数字に続けて、多くの調査結果を論拠にして、課外活動には教育効果があることを示している。

なぜ、このようなレポートが出ているかというと、アメリカでは、公金を投入するときには、それに見合う効果があるかを問われるようになっているからだ。教育でも、エビデンスに基づく教育政策が求められるようになっている。課外活動には、公金である学区のお金が投入されているので、それに見合う教育効果があるのかを示さなければならない。だから、NFHSは多くの調査結果をエビデンスとして提出し、教育効果があると応じているといえるだろう。

『日本の公教育――学力・コスト・民主主義』[2]によると、もともとアメリカの教育界ではデータを重視しており、エビデンス・ベースドの教育政策が具体的な形で表れるようになったのは、アメリカの通称「落ちこぼれ防止（No Child Left Behind：NCLB）法」の制定（二〇〇二年）以降であるという。

この落ちこぼれ防止法（以下NCLB）には「不利な条件にある生徒への教育サービスの計画にあたっては、科学的根拠のある研究結果を考慮しなければならない」「若者の暴力やドラッグを防止すると科学的に示された施策に予算を振り向ける」[3]という文言が盛り込まれている。そして、エビデンスに基づいた教育実践を行うために、米教育省下の教育科学研究所の主導で What Works Clearinghouse（以下WWC）というウェブサイトが作られた[4]。しかし、教育の効果とは何なのか、それをどのようにして測るのかは難しい。エビデンスは政治家や官僚を納得させるためのものであって、経済効果のあるものだけを教育の「効果」として評価しているという批判もある[5]。

日本ではスポーツと教育が強く結びついているが[6]、アメリカの学区が予算の数パーセントを運動部に割り当てているのは、予算の審議過程で何らかの教育的効果があると認めているからで、アメリカでも、学校の運動部と教育とが結びついているといえるだろう。

しかし、日本とアメリカでは、運動部と結びつけられている教育の内容が違うのかもしれないし、どのようなことを運動部の教育効果として捉えているのかが違うのかもしれない。アメリカでは、何をもって、運動部には公金投入に見合う教育効果があるとしているのだろうか。ここでは、アメリカの運動部には教育効果があるのか、ないのかというレポートではなく、あくまでも、アメリカが、運動部を含む課外活動の予算獲得の根拠として、何を教育効果として提示しているのかをお伝えしたい。

NFHSの主張

冒頭のNFHSが出しているThe Case for High School Activityに戻ろう。提示された文献のうち、音楽、芸術活動だけを調査対象にしている論文、中国、カナダ、スイス、オーストラリア等のアメリカ以外の国で調査した論文、新聞記事を除いた三七文献を対象に何を測定して教育投資効果のエビデンスとしているのかを捉えるように試みた。先ほども述べたように、何を教育効果としていているのかをレポートすることが目的なので、それぞれの調査の結果の信頼度、エビデンスレベルは問わない。

NFHSでも「教育の結果の向上」や「健康的ふるまい」といった大まかな分類をしているが、文献が何を測定しているのかを具体的に捉えるために、「教育改革の推進のための総合的調査研究～教育投資の費用対効果に関する基本的な考え方及び文献の収集・整理～報告書」(三菱総合研究所 2008: 12)[7]の構造化モデルを使用する。この構造化モデルは、OECDの学習成果分類を細分化したもので、国内外で取り上げられた教育投資の費用対効果に関する文献の調査対象の抽出・整理を目的として作成されたものだ。

この構造化モデルの分類項目は次のようになっている。「学力向上」、「進級・卒業促進」、「ライフスキル獲得」、「社会化」、「体力向上」、「所得向上、雇用獲得、貯蓄増大」、「就労条件改善・職業的移動能力向上（世代内移動）」、「社会移動達成（世代間移動）」「健康増進」、「社会関係資本構築」、「レジャー活動の多様化」、「マクロ経済成長・税収増加・社会的サービス向上」、「公的支出抑制」、「社会の流動性・公正性促進」、「平均寿命上昇」、「治安改善」、「文化の伝達・普及、国民統合、社会的凝集性上昇」、「平和促進」、「市民参加促進」、「知識スピルオーバー」、「環境保全促進」。

何を測定しているのかを分類した結果、次のようになった。数の多かった順に示す（一つの文献で複数の項目を測定しているものは、複数の項目にわたって分類する）。

①学力向上　一四文献

運動部に参加している生徒と参加していない生徒の学力テストや成績評価を比較している（Dumais 2009）。さらに、参加している課外活動の種類や参加形態について違いがあるのかを調べるために、運動部のみ、運動部とその他の課外活動、運動部以外の課外活動のみに分けての学力比較（Lipscomb 2007, Marsh 2002）や、複数の活動に参加している生徒の学力調査（Knifsend 2012）をしている。このほかに、学校が課外活動を提供することは、学校全体の学力向上に寄与するかという観点からも教育効果の計測をしている（Stearns 2010）。

②健康増進　一二文献

運動部に参加している生徒とそうでない生徒の比較や、運動部を含むスポーツに参加している生徒とそうでない生徒を比較し、運動部活動やスポーツ活動に参加している生徒が、食生活等において、より健康的なふるまいをしているかを調べている（Pate 2000, Harrison 2003）。健康増進だけではなく、運動部を含む課外活動に参加している生徒とそうでない生徒を比較し、課外活動の参加は、健康を阻害する違法な薬物摂取やアルコール摂取を抑止する効果があるか（Pate 2000, Moilanen 2014, Harrison 2003）、自殺行為を抑止する効果や絶望感から生徒を守る効果があるかを調べている（Harrison 2003, Taliaferro 2008）。

③進級・卒業促進　一一文献

運動部に参加している生徒と参加していない生徒の高校退学率や卒業率、出席日数等を比較している（Lumpkin 2012, Overton 2001）。運動部活動に参加している生徒と参加していない生徒の大学出願や進学の比較（Marsh 2002, Zaff 2003）、課外活動参加者の高校卒業後の教育（Rouse 2012, Lipscomb 2007）を比較している。

④市民参加促進　七文献

一八歳から二五歳までの人の選挙投票、ボランティア参加を、高校時代に運動部に参加した人と参加していなかった人とで比較している（Lopez 2006）。課外活動経験のある人はそうでない人に比べて、国政、地方選挙の投票や地域・宗教団体でボランティア行動しているかを測定している（Zaff 2003）。

⑤社会関係資本構築　四文献

運動部を含む課外活動に参加している生徒は、そうでない生徒と比べて友人との関係を維持・拡大できるかを比較している（Schaefer 2011）。中学から高校への移行期に、スポーツ活動、学業に関する活動に継続的に参加している生徒とそうでない生徒を比較し、継続的に活動に参加している生徒は、中学から高校への移行期により多くの友人関係を持っているかを測定している（Bohnert 2013）。

⑥就労条件改善・職業的移動能力向上　三文献

高校時代に運動部の一軍選手だった人とそうでなかった人と比較して、自信、自尊心等があるか、管理職である確率を測定している（Kniffin 2014）。高校時代に二年以上、課外活動経験がある人はそうでない人に比べてよりフルタイム雇用の仕事についているかを調べている（Gardner 2008）。

⑦社会化　二文献

運動部を含む課外活動に参加している生徒はそうでない生徒と比較して、学校への愛着や適応が促進されるかを測定している（Barber 2005）。課外活動の参加形態と、向社会的行動などとの関連を測定している（linver 2009）。

⑧治安改善　二文献

教育支出のうち生徒活動・スポーツ費への支出が、教育者に対する身体暴力のリスクを減少させる可能性があるかを測定している（Sage 2010）。運動部参加率が高い学校では、校内で発生する重大犯罪（暴力犯罪など）や停学処分が少ないかを測定している（Veliz 2012）。

⑨ライフスキル獲得　一文献

高校アメリカンフットボール部のコーチは、パフォーマンスのコーチングと切り離さずにライフスキルを育てる指導をしている（Gould 2007）。

⑩所得向上　一文献

高校時代に二年以上課外活動経験がある人はそうでない人に比べてより収入を得ているかを調査している（Gardner 2008）。

「体力向上」、「社会移動達成（世代間移動）」、「レジャー活動の多様化」、「マクロ経済成長・税収増加・社会的サービス向上」、「公的支出抑制」、「社会の流動性・公正性促進」、「平均寿命上昇」、「文化の伝達・普及、国民統合、社会的凝集性上昇」、「平和促進」、「知識スピルオーバー」、「環境保全促進」についてのエビデンスは提示されていなかった。

エビデンスの提示数が多かったは「健康増進」、「学力向上」、「進級・卒業促進」の三項目だった。二〇〇二年に成立したＮＣＬＢ落ちこぼれ防止法の主要なゴール[8]である「学力の向上」、「高校卒業率の上昇」、「ドラッグのない教育環境」、「人種による学力格差」とも一致していた。ＮＦＨＳは運動部を含む課外活動への教育投資が、ＮＬＣＢの目的達成にも効果があるというエビデンスを提示しているといえるだろう。運動部は、アメリカの抱える公教育の課題の改善に効果があるのだということを示し、だから、学区の教育予算を運動部につぎ込むことには根拠があるというロジックを展開していることになる。

ＮＦＨＳの示したエビデンスには、「マクロ経済成長・税収増加・釈迦的サービス向上」や「公的支出抑制」はないが、お金をつぎ込むと、リターンがあるという可能性を示すこともできる。学力が向上し、進級・卒業が促進できれば、ひとりひとりがより社会に貢献できて、国の経済発展にも役立つというロジックにつなげられるからだ。それに、ドラッグの問題は、アメリカの財政を圧迫する深刻なものなので、運動部への参加によって、ドラッグの問題が改善されれば、財政負担も軽くなると主張することもできるし、健康増進につながれば、医療費の削減にもつながる。「体力向上」が含まれていなかったのは意外だが、アメリカでは、体力や運動能力を高めることよりも、食生活やそれに関連する肥満の問題が大きいからだろう。ちょっと横道に外れるが、ＮＦＨＳのレポートには、カナダの課外活動を対象にした調査があり、カナダでは課外活動の教育効果として「ライフスキル」も測ったものが取り上げられていた。

運動部を含む課外活動への教育投資は、間接的には、国家の財政負担軽減や税収増加につながるという説明によって、学区や税を納める住民に対し、運動部活動への教育投資についての理解を求めていると考えられる。

［付記］

この章のここまでは、「子ども未来・スポーツ社会文化研究所」の二〇二二年度の年報に掲載された拙稿「アメリカにおける学校運動部の教育投資効果のエビデンスに関する研究─公金獲得のための根拠提示の観点から─」に修正を加えたものである。

学校外のスポーツ活動における費用対効果とは

私は、二〇一八年にデトロイトで開催されたアスペン研究所主催のユーススポーツ関連の会議を取材した[9]。ここでは、学校の運動部ではなく、地域のユーススポーツをいかに支えて、運営していくかが話し合われていた。課題のひとつに、運営の財源をどうするかがあった。ちなみに二〇二〇年のオンライン会議も取材したが、コロナ禍による税収減によって子どものスポーツも影響を受けるが、どうすれば財源が確保できるかという話をしていた。

アスペン研究所ではみんなのためのスポーツをテーマにしている。保護者から参加費を徴収する形

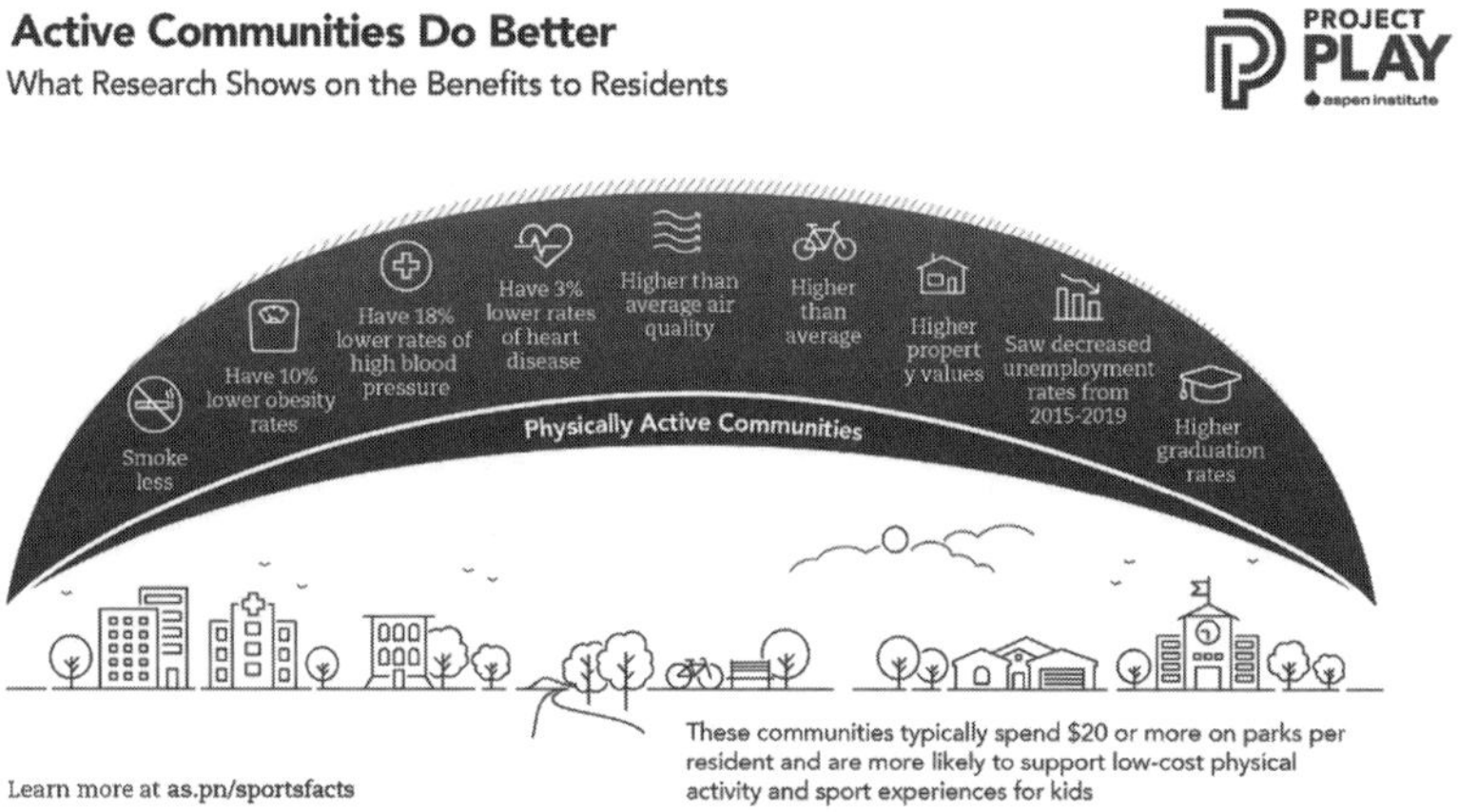
Active Communities Do Better
What Research Shows on the Benefits to Residents
PROJECT PLAY
aspen institute
Smoke less
Have 10% lower obesity rates
Have 18% lower rates of high blood pressure
Have 3% lower rates of heart disease
Higher than average air quality
Higher than average
Higher propert y values
Saw decreased unemployment rates from 2015-2019
Higher graduation rates
Physically Active Communities
These communities typically spend $20 or more on parks per resident and are more likely to support low-cost physical activity and sport experiences for kids
Learn more at as.pn/sportsfacts

図１　アスペン研究所の「プロジェクト・プレー」より[10]

は、低所得層の子どもにとっては運動する機会が得ることが難しくなるので、地域のユーススポーツは、公的な補助を受けることが必要になってくる。公的な補助やスポンサー企業等による支援を求めるためには、費用対効果をデータ、数字で示すことが重要だという話をしていた。都市部の低所得世帯が多く住む地域のユーススポーツの管理者は、資金獲得の際にどのようなデータを出したかについて、ユーススポーツ経験者はそうでない人にくらべて、将来的に罪を犯す率が低いというデータを使ったという。公的な資金によってユーススポーツ環境を整備することは、将来的に刑務所に入る人間を少なくすることにつながることが期待できるので、今、ユーススポーツにお金を出してくれれば、犯罪者を減らし、刑務所に使っているお金を減らすことができるのだ、と訴えたのだそうだ。

ちなみに、アスペン研究所が提示する地域への費用対効果は図１のようなものである。

地域が住民一人あたりにつき二〇ドル以上を公園等の施設に投資すると、より活動的な地域になるとし、喫煙の減少、肥満、高血圧、心臓に関連する病気の減少、空気がよくなる、自転車の使用が増える、不動産の価値が高まる、失業者率が減った、卒業率が高くなるとしている。

運動部の教育効果についての反論

NFHSでは運動部には調査結果というエビデンスを提示して教育効果があるとしている。しかし、これらのエビデンスが信頼性の高いものと仮定しても、このエビデンスが教育実践につながっているとは言い切れない。集団種目の運動部活動では、トライアウトという入団テストを課すことが一般的であり、参加できる生徒が限定されている。このような実態について、限られた予算を他校との試合のために費やすのではなく、希望者の誰でも入部できて活動費用も抑えられる校内運動部を充実させるべきだという主張もある[11]。

学業成績や中退率の低下に効果があるというデータについても、運動部活動を推進する側が都合よく解釈したものであるという批判はある。アメリカの高校や中学校の運動部を批判的に分析したオバーマンは、運動部には教育的効果があるという論拠に対して「スポーツへの参加と学業成績を関連付ける研究のほとんどは、その関係が因果関係であるかどうかを判断できておらず、より優れたデザインの研究では、成績の良い生徒ほど課外活動に参加する傾向が強いという選択バイアスがあることが示唆されている。スポーツは生徒の学業への意欲を刺激することはあっても、必要な学力を生徒に与えることはない」と反論する[12]。

さらにオバーマンは、成績の良い生徒ほど課外活動に参加する傾向があるのと同時に、一定の学業成績を満たしていないと、運動部の活動資格を失うという規則を違反しているケースもあると続ける。「高校教師の中には、成績不振の選手を合格させて、活動資格を維持することを日常的に行っている者もいるし、コーチが教師に圧力をかけて不合格の生徒の成績を変更させるケースもある」、「テキサス州のある高校では、アメリカンフットボール選手がテストの試験を受けずに合格点を与えられたりしていた」[13]。競技力に秀でた生徒が、学業不振に陥り、活動資格を失いそうになっていたならば、評価を甘くして、活動を続けられるようにしているというのだ。ただし、私が取材し、身の回りで見聞きしたところでは、学校が運動部参加資格として定めている成績基準を満たしていないため、一定期間の活動停止となった生徒はおり、規則が有名無実化しているとはいえないと感じた。

学区教育予算の運動部への分配割合は適切か

NFHSでは、運動部を含む課外活動に学区教育予算を割くことは、教育の効果を考えると費用対効果がよいとしている。そして、学区教育予算の運動部予算からの運動部の割り当てを増やしてもらうように、もしくは削減されないようにと訴えている。

しかし、これに反するデータもある。学区の教育予算に占める運動部の予算の割合が大きくなると、学区単位での学力向上に貢献するのかが調べたものがある[14]。マサチューセッツ州で、州からの学区への補助金のうち、運動部の予算がどのくらい占めているのかと、その学区の学業成績を調べたところ、補助金に占める運動部予算の割合が高い地区ほど、テストの点数が低かった。また、テキサス州を対象にした調査[15]では、スポーツに費やされる費用と生徒の学業成果との間に、統計的に有意な負の相関関係があることがわかったという。ただし、この調査をした研究者グループは、運動部への支出が学力と相反するかどうかについては、高校運動部に熱狂的な傾向のあるテキサス州での調査であることを考慮しなければいけないなどとして、断定はしていない。

学区の教育予算と豪華なスポーツ施設

テキサス州には総工費七〇〇〇万ドルをかけて作られた高校のアメリカンフットボール場が複数ある[16]。そのひとつであるマッキーニのアメリカンフットボール場は収容人数一万二〇〇〇人で、これを三つの公立高校のアメリカンフットボール部がホームグラウンドとして使用することになっている。このような大きな金額の施設の建設にあたっては、債券を発行することで費用に充てている。債券の発行を承認するかどうかは住民の投票によって決定しているので、住民は、このような高額な施設の建設に同意して、税の支払いという負担もしている。

一方で、債券の発行を住民投票で否決しているケースもある。二〇二三年一一月には、同じテキサス州のプロスパー独立学区が、テキサス州では史上最高額の九四〇〇万ドルの高校アメリカンフットボール場建設を含んだ計画について投票を行ったが、賛成四六％、反対五四％で否決された。プロスパー学区でのアメリカンフットボール場建設計画が明らかになったときには、住民から「教員は生活をするのもぎりぎりの給与しかもらっていない。それなのに、これでは、教育よりもアメリカンフットボールのほうが重要だと、言葉にこそしていないが、明らかにしているようなもの」などの反対意見が地元のメディアで取り上げられた。

高校のアメリカンフットボール部の試合は、部員はもちろん、マーチングバンド部、チアリーダー部なども試合に参加するし、試合を伝えるために、新聞部や放送部などの活動の場になっている。こういったことからアメリカンフットボール部以外の多くの生徒にも恩恵があるとはいえる。しかし、全生徒がアメリカンフットボールの試合から恩恵を受けているとは考えにくい。アメリカンフットボール部それ自体で入場料による収入やスポンサー収入を得ているが、日本円で約一〇億円程度の建築費を三つの高校のアメリカンフットボール部の入場券収入だけでまかなうためには、長い月日が必要だろう。

テキサス州はアメリカンフットボール部の盛んな州であるが、テキサス州だけの問題とはいえない。教育経済学者のロザが太平洋岸北西部のある公立高校の財政を分析したところ、数学の指導に生徒一人あたり三二八ドル、チアリーディングにその四倍以上、一人あたり一三四八ドルを費やしていることがわかったという[17]。

閉校の危機に瀕して、運動部活動停止へ

次に、学区の教育予算に占める運動部のコスト問題に直面したケースをお伝えする。学区の財政と教育の立て直しを図るため、高校運動部の花形種目であるアメリカンフットボールを含むすべての運動部を一時的に中止したことで、全米レベルで注目を集めた事例がある。

以下は、私がスポーツ文化・育成＆総合ニュースサイトのTHE ANSWERで「高校閉鎖の危機、食い止めた方法は運動部休部　問われた部活と学業予算分配の問題」というタイトルで書いた記事に大幅に加筆したものである[18]。

米メディアのジ・アトランティック誌二〇一三年一〇月号に「The Case Against High-School Sports（高校運動部への反論）」[19]というタイトルをつけた記事が発表された。テキサス州のとても小さな町にあるプレモント独立学区で起こったこと話で、同誌は「プレモント独立学区の新しい教育長が非常識なほど合理的な判断をして学区を救った」と表現している。

非常識なほど合理的と形容されたのは、学区の財政を立て直し、学力を向上させるために、プレモント独立学区が、高校のアメリカンフットボール部をはじめ、すべての運動部活動を中断させた

ことを指している。合理的な判断だが、ほとんどの場合ではそのような判断がされていないから、全米レベルの注目を集めたのだろう。

プレモント独立学区は、児童・生徒の学力が低く、学区の財政にも困難を抱えていたことから、二〇一二年にテキサス州教育庁（Texas educational agency）から学区閉鎖の警告を受けていた。学区を閉鎖するということは、テキサス州の小さな田舎町であるプレモントの街から学校がなくなることを意味する。児童・生徒はとなりの学区に通うことになり、将来的にみれば、就学年齢の子どもたちがこの町から転出していくことにつながる。

ジ・アトランティック誌は「二〇一二年春、財政管理と学業不振を理由に州からプレモント独立学区の閉鎖を命じられた（教育長の）アーネスト・シングルトンは、アメリカンフットボール部を含むすべてのスポーツを停止した。コスト削減のため、学区はすでに八人の職員を解雇し、中学校のキャンパスを閉鎖して高校の校舎に授業を移していた。小学校では美術や音楽の教師を何年も雇っておらず、カビがはびこる高校の理科室は閉めていた。その間も、高校ではアメリカンフットボール、バスケットボール、バレーボール、陸上、テニス、チアリーディング、野球部が活動していた。プレモント高校のアメリカンフットボール部は、選手一人あたり約一三〇〇ドルの費用がかかったが、一方、数学の授業料は一人あたりわずか六一八ドルだった。アメリカンフットボール部の一シーズン分の費用で、小学校の音楽教師を一年間フルタイムで雇うことができた。アメリカンフットボール部は前のシーズンにわずか一勝しかしていなくて、約一〇年間プレーオフにも出場していなかったにもかかわらず、アメリカンフットボール部を休部する選択肢は誰も思いつかなかった」と報じている。

ジ・アトランティックを含む複数の米メディアの報道によると、プレモント独立学区は、運動部を中断させることで、一年間で一五万ドルを節約できたという。この一五万ドルのうち、およそ三分の一が運動部の指導者報酬であった。用具等に二万七〇〇〇ドル、保険に一万五〇〇〇ドル、審判に一万三〇〇〇ドル、バスの運転手に一万二〇〇〇ドルがかかっていたそうだ。

プレモント高校のアメリカンフットボール部のヘッドコーチは、この学校の歴史の教師でもあったが、学区閉鎖の危機を乗り越えるために、アメリカンフットボール部の中断を受け入れた。しかし、反対意見がなかったわけではない。二〇一二年一月二七日のニューヨークタイムズ紙電子版[20]によると、「学区の運営をうまくできなかったのは大人なのに、子どもがその罰を受けるべきではない」という意見もあった。運動部活動を続けられるように、近隣の高校に転出した生徒たちもいたし、運動部のコーチをしていた教員二人が他の学校に移った。ただし、全ての課外活動を中断したわけでなく、バスケットボール部は出場試合数を減らして活動をし、校長のアイデアで毎週金曜日にはクラス対抗の球技大会のようなものを行っていたようだ。

その後、プレモント独立学区は助成金、財団、企業、匿名の寄付者から寄付を受け、さらにテキサスA&M大学から生徒、教師、管理者へのトレーニングと指導を受けた。一年後、学校存続の条件である出席率と学力テストの点数がわずかながら上昇した。運動部休止と学力向上に関連があったのかどうかはわからないが、単位を取れない生徒は減った。そこで、プレモント高は、翌年にはバレーボールやクロスカントリー（屋外での中距離走）部の活動を再開させ、さらに、バスケットボール、野球、陸上も再開させた。それでも、急に学校全体の学力を向上させることは難しく、財政難も続いた。二〇一五年までにはもう一度、閉校の危機があったという。しかし、さまざまな財源を得て、危機を乗り越えた。二〇一八年には六年間休部していたアメリカンフットボール部を復活させた。そのうえ、新しいフィールドも作られた。

テキサス州の小さな町の公立高校は、単に学校であるというほかに地域の人たちをつなぐ場所でもある。地元テレビ局のニュースが二〇一八年にアメリカンフットボール部の再開を伝えたとき、教育長は「地域社会と学区のディズニーストーリーです。住民たちは、子どもを他の学校に行かせることもできましたが、この学区を失えば地域社会を失うことになることを知っていました。学区は、地域の中心だからです」[21]と話した。地域社会の中心である学校閉鎖を食い止めるために、課外活動を一時停止し、学校を維持した。もしも、映画化されるならば、アメリカンフットボール部の再開のシーンでハッピーエンドとなるはずだ。しかし、学区教育予算における運動部分配の割合について考えることをやめてしまえば、この学区でなくて、他の学区であっても、再び同じような事態に陥る危険はあるのではないか。

アメリカ人が考える隠れた運動部の教育効果

ＮＦＨＳが学区教育予算の獲得を意識して、どのようなことを運動部の教育効果として測定しているのかを、この章の前半でレポートした。運動部を含む課外活動には学力向上、中退防止、違法薬物使用の抑止などについて概ね効果があるというデータを提出していた。こういった根拠の信頼性の程度が高いとすれば、多くの子どもたちが運動部を含む課外活動の恩恵を受けられるようにしたほうがよいことになる。そこで、トライアウトをしない、全ての希望者を受け入れる校内運動部を充実させたほうがよいという意見が出てくる。

しかし、アメリカ人は、どうやら、トライアウトというプロセスや競うことに教育的価値を見出しているようなのだ。公立学校の運動部なのに、競技力によって入部希望者を制限するのは、冷徹なことのようにも思う。けれども、米国の学校運動部のコーチのなかには「もしも、生徒が入部するのに十分でないのならば、もっとうまくなるために練習しなければならない。（入部は）自動的に与えられるものではない。そのことを学ぶ必要がある」と言っている人もいる。

大人になって社会に出ていく前に、競争して居場所を勝ち取るというプロセスを経験することが必要だと見なされているのだろう。学校の音楽授業の一環としての校内コンサートの席順も、楽器演奏の優劣によって決められている。

米国の社会学者、ヒラリー・レビー・フリードマンは“PLAYING TO WIN-Raising Children in a Competitive Culture”[22]という著書で、スポーツ活動などを通じて競争力のある子どもを育てたいとする保護者の様子を描いている。フリードマンはCompetitive Kid Capitalという言葉を造って、この状況を表現した。フリードマンによると、親は子どもが成功するために必要なこととして、次のように考えているという。勝利の重要性の内面化、負けから将来の勝利へ向けて立ち直ること、時間の制限のあるなかでどのようにパフォーマンスするかを学ぶこと、ストレスのかかる状況でどのようにすれば成功するのかを学ぶこと、他人の視線のあるなかでパフォーマンスできる、といったもの。社会における競争を勝ち抜いて仕事に就いて収入を得てきたという手応えのあるアッパーミドル層の保護者ほど、子どもにも、それを身につけて欲しいと考えているそうだ。

競う力を身に付けてほしいと考えているのは、アメリカの保護者やコーチだけではない。米国の第四四代大統領のバラク・オバマは、スポーツを通じて子どもが学ぶことのできるものとして、「競う」ことを挙げた[23]。もちろん、ただ、勝てばよいのではなく、フェアに競うことを学ぶことが含まれているだろうが、競う経験そのものに教育的価値を見出している面があるといえるだろう。

■注・文献

1　https://www.nfhs.org/articles/the-case-for-high-school-activities/

2　中澤渉 2018『日本の公教育――学力・コスト・民主主義』中公新書：118-120

3 田辺智子 2006「エビデンスに基づく教育――アメリカの教育改革と What Works Clearinghouse の動向」『日本評価研究』（6-1）：31-41
4 豊浩子 2011「米国のエビデンス仲介機関の機能と課題――米国ＷＷＣ情報センターの例より」『国立教育政策研究所紀要』140: 71-93
5 鈴木大裕 2018「教育におけるエビデンスのポリティックス」『日本教育行政学会年報』（44）：201-204
6 中澤篤史 2018「アメリカ運動部活動の歴史」早稲田大学スポーツナレッジ研究会編『スポーツ・エクセレンス――スポーツ分野における成功事例』創文企画：104-113
7 三菱総合研究所 2008「教育改革の推進のための総合的調査研究～教育投資の費用対効果に関する基本的な考え方及び文献の収集・整理～報告書」文部科学省「教育改革の総合的推進に関する調査研究」：12 https://www.mext.go.jp/a_menu/shougai/chousa/__icsFiles/afieldfile/2014/09/01/1351451_01_1.pdf
8 甲斐進一 2014「米国の NCLB を巡る近年の諸評価」『椙山女学園大学教育学部紀要』（7）：79-90
9 谷口輝世子 2019「米国のスポーツサミットでは何を話し合っているのか」『体育科教育』2019（11）大修館書店
10 Aspen Institute Project Play 2023 Active Community Do Better,https://projectplay.org/youth-sports/facts
11 S. Overman 2019 Sports Crazy: "How Sports Are Sabotaging American Schools", University Press of Mississippi
12 前掲：120-121
13 前掲：121-122
14 J.Chen and T.Ferguson 2002 "School District Performance Under the MCAS," *New England Journal of Public Policy*: Vol. 17: Iss. 2, Article 7.
15 K.J.Meier, W.S. Eller,M.P Marchbanks III,S.Robinson, J.L. Polinard, and R.D.Wrinkle 2004 "A Lingering

Question of Priorities: Athletic Budgets and Academic Performance Revisited" Review of Policy Research, 21: 799-807
16 P.Livengood 2023.8.17 "Texas' 10 most expensive high school football stadiums",WFAA https://www.wfaa.com/article/sports/high-school/hs-football/texas-high-school-football-stadiums-most-expensive/287-616a4f40-ba9a-4f19-98d9-4585838950d3
17 Amanda Ripley 2013 "The Case Against High-School Sports", The Atlantic, October 2013 Issue
18 谷口輝世子 2023.4.26「高校閉鎖の危機、食い止めた方法は運動部休部　問われた部活と学業予算分配の問題」THE ANSWER, https://the-ans.jp/column/320549/
19 Amanda Ripley 2013 "The Case Against High-School Sports", The Atlantic, October 2013 Issue
20 M.Smith 2012.1.27 "Silencing Cheers, to Save Troubled School District", New York Times https://www.nytimes.com/2012/01/27/education/premont-tex-schools-suspend-sports-to-save-costs.html
21 M.Padraza 2018.8.30 Premont ISD opens stadium as part of comeback, KIII https://www.kiiitv.com/article/news/local/premont-isd-opens-stadium-as-part-of-comeback/503-589267325
22 HILARY LEVEY FRIEDMAN 2013 "Playing to Win: Raising Children in a Competitive Culture", University of California Press
23 谷口輝世子 2021「オバマ氏のお父さんコーチ辞任劇」『体育科教育』2021（2）大修館書店

■ＮＦＨＳが提示し、本稿で分析の対象とした文献

Barber, Bonnie L., et al 2005 "Benefits of Activity Participation: The Roles of Identity Affirmation and Peer Group Norm Sharing," Edited Mahoney, L, Joseph, et al, *Organized Activities as Contexts of Development:*

Extracurricular Activities After School and Community Programs, Psychology Press ,185-210

Bohnert, Amy M.,et al 2013 "Regrouping: Organized Activity Involvement and Social Adjustment Across the Transition to High School," *New Directions for Child & Adolescent Development,* Issue 140, New Directions for Child & Adolescent Development, 57-75

Braddock, Jomills Henry., et al 2007 "Effects of Participation in High School Sports and Non-sport Extracurricular Activities on Political Engagement among Black Young Adults", *Negro Educational Review*, 58, Negro Educational Review, Inc. 201-215.

Castrucci, B.C., et al 2004 "Tobacco use and cessation behavior among adolescents participating in organized sports", *American Journal of Health Behavior*, Volume 28, Number 1, PNG Publications and Scientific Research Limited, 63-71.

Coe, D. P., et al 2006 "Effect of Physical Education and Activity Levels on Academic Achievement in Children", *Medicine and Science in Sports and Exercise*, August 2006, Volume 38, Issue 8, Citeseer, 1515-1519.

Corder, Kirsten., et al 2013 "What do adolescents want in order to become more active?" *BMC Public Health*, 2013 Aug 5; 13:718.

Darling, Nancy., et al 2005 "Participation in School-based Extracurricular Activities and Adolescent Adjustment", *Journal of Leisure Research,* 37:1, 51-76,

Denault, Anne-Sophie., et al 2009 "Intensity of Participation in Organized Youth Activities during the High School Years: Longitudinal Associations with Adjustment", *Applied Developmental Science*, 13:2, Taylor & Francis, 74-87.

Dohle, Simone and Brian Wansink 2013 "Fit in 50 years: participation in high school sports best predicts one's physical activity after Age 70," BMC Public Health. 2013 Dec 1; 13:1100. https://bmcpublichealth.biomedcentral.com/articles/10.1186/1471-2458-13-1100

Dumais, Susan A 2009 "Cohort and Gender Differences in Extracurricular Participation: The Relationship between activities, math achievement, and college expectations", *Sociological Spectrum*, 29.1, 72-100.

Everson, T. Howard and Millsap, E. Rodgers 2005 "Everyone Gains: Extracurricular Activities in High School and Higher SAT Scores", *College Board Research Report,* No. 2005-2 College Entrance Examination Board, College Entrance Examination Board.

Fox, Claudia K., et al 2010 "Physical Activity and Sports Team Participation: Associations with Academic Outcomes in Middle and High School Students", *Journal of School Health* 80.1, 31-37.

Gardner, Margo., et al 2008 "Adolescents' Participation in Organized Activities and Developmental Success 2 and 8 Years After High School: Do sponsorship, duration, and intensity matter?" *Developmental Psychology* , 44. 3, 814-830.

Gould, Daniel., et al 2007 "Coaching life skills through football: A study of award winning high school coaches." *Journal of Applied Sport Psychology* 19.1, 16-37.

Harrison, P.A and Narayan 2003 "Differences in behavior, psychological factors, and environmental factors associated with participation in school sports and other activities in adolescents." *Journal of School Health*, 73.3, 113-20.

Kaestner, Robert and Xin, Xu 2006 "Effects of Title IX and Sports Participation on Girls' Physical Activity and Weight." *Advances in Health Economics and Health Services Research*, 17, 79-111.

Kniffin, Kevin M., et al 2014 "Sports at Work: Anticipated and persistent correlates of participation in high school athletics", *Journal of Leadership and Organizational Studies*, 22.2, 217-230.

Knifsend, Casey and Graham, Sandra 2012 "Too Much of a Good Thing? How Breadth of Extracurricular Participation Relates to School-Related Affect and Academic Outcomes During Adolescence", *Journal of Youth & Adolescence*, 41.3, 379-389.

Linver, MR., et al 2009 "Patterns of adolescents' participation in organized activities: are sports best when combined with other activities?" *Developmental Psychology*, 45.2, 354-367.

Lipscomb, Stephen 2007 "Secondary school extracurricular involvement and achievement: a fixed approach", *Economics of Education Review*, volume26, issue 4, 463-472.

Lumpkin, Angela and Favor, Judy 2012 "Comparing the academic performance of high school athletes and non-athletes in Kansas in 2008-2009," *Journal of Sport Administration & Supervision*, volume4, issue 1, 41-62.

Lopez, Hugo and Moore, Kimberlee 2006 "Participation in Sports and Civic Engagement", Center for Information and Research on Civic Learning and Engagement (CIRCLE) http://www.civicyouth.org/fact-sheet-participation-in-sports- and-civic-engagement

Lutz, Gene M., et al 2009 "Impacts of Participation in High School Extracurricular Activities on Early Adult Life Experiences: A Study of Iowa Graduate", Iowa Girls' High School Athletic Union, https://www.ighsau.org/upl/wp-migration/2014/08/IGHSAUparticipationStudy.pdf

Marsh, H.W. and Kleitman,S 2002 "Extracurricular school activities: The good, the bad and the nonlinear", *Harvard Educational Review*, 72.4, 464-514.

Moilanen, Kristin L., et al 2014 "Extracurricular Activity Availability and Participation and Substance Use Among American Indian Adolescents", *Journal of Youth and Adolescence*, 43.3, 454–469.

Overton, Gary 2001 "A Qualitative Analysis of the Educational Performances of Athletes and Nonathletes In the High Schools of North Carolina", North Carolina High School Athletic Association.https://www.nchsaa.org/overton-study（最終閲覧日二〇二三年一月一一日）

Pate, Russell R., et al 2000 "Sports Participation and Health Related Behaviors Among US Youth.", *Archives of Pediatric and Adolescent Medicine* ,154.9, 904-911.

Peck, Stephen C., et al 2008 "Exploring the Roles of Extracurricular Activity Quantity and Quality in the Educational Resilience of Vulnerable Adolescents: Variable-and Pattern-Centered Approaches", *Journal of Social Issues*, 64.1, 135-156.

Rouse, Kathryn E 2012 "The Impact of High School Leadership on Subsequent Educational Attainment," *Social Science Quarterly*, 93.1, 110-129.

Sage, Starr K., et al 2010 "School resources, resource allocation, and risk of physical assault against Minnesota educators", *Accident Analysis & Prevention*, 42.1,1-9.

Schaefer, David R., et al 2011 "The Contribution of Extracurricular Activities to Adolescent Friendships: New Insights Through Social Network Analysis", *Developmental Psychology*, 47.4, 1141-1152.

Stearns, Elizabeth J. and Glennie, Elizabeth 2010 "Opportunities to participate: Extracurricular activities distribution and academic correlates in high schools", *Social Science Research*, 39.2, 296–309.

Taliaferro, Lindsay., et al 2008 "High School Youth and Suicide Risk: Exploring Protection Afforded through Physical Activity and Sport Participation", *Journal of School He*alth, 78.10, 545-553.

Taliaferro, Lindsay., et al 2010 "Participation and Selected Health Risk Behaviors from 1999 to 2007", *Journal of School Health*, 80.8, 399-410.

Thomas, R.J. and McFarland, D.A 2010 "Joining young, voting young: the effects of youth voluntary associations on early adult voting.", CIRCLE Working Paper No.73, Center for Information and Research on Civic Learning and Engagement (CIRCLE).

Veliz, Philip and Sohaila Shakib 2012 "Interscholastic Sports Participation and School Based Delinquency: Does Participation in Sport Foster a Positive High School Environment?" *Sociological Spectrum*, 32.6, 558-580.

Zaff, Jonathan F., et al 2003 "Implications of Extracurricular Activity Participation During Adolescence on Positive Outcomes." *Journal of Adolescent Research*, 18.6, 599-63.

第5章

お金がないときは廃部に

運動部活動を一時的に停止して、学区の財政難と学業不振を乗り切ったプレモント独立学区の事例を第4章で取り上げた。プレモント独立学区のような深刻な財政難と学業不振に陥っていなくても、学区から割り当てられる運動部予算の不足は他の多くの学区でも起こっている。なぜ、米国の多くの高校で運動部の予算が厳しくなっているかという理由には主に三つの外的な要因がある。

第一に、公教育費の上昇、固定資産税の減額、インフレ、景気後退などが要因として挙げられる[1]。第二の要因は、連邦政府によるタイトルIXの遵守義務である。これは、一九七二年に成立した連邦法で、連邦政府から資金援助を受けている学校に対して、男女に均等な機会を提供することを義務づけるものだ。これによって女子生徒の運動部の参加が増えて、用具、消耗品、施設、コーチの給与を賄うための財源が必要になった[2]。第三の要因は、地域が学校運動部の成功を求めることである。どういうことかというと、地域や保護者から勝てる運動部を作るようにプレッシャーがかかり、そのために運動部の環境を整備するように重圧がかかるからだ。運動部の環境を整備するのには、当然ながらお金がかかる[3]。

学区からの予算割り当てだけでは運動部を運営できないとき、外部からお金を調達するか、運動部を縮小するしかない。この章では、運動部の縮小や経費の節約についてレポートする。プレモント独立学区のようにすべての運動部活動を中止するケースもあるが、全ての運動部活動を中止するのではなく、一部の運動部活動を中止したり、休部や廃部にしたりすることは、それほど珍しいことではない。そういった対応に踏み切るときには、どの運動部の活動を停止させるのかについて運動部の管理者であるアスレチックディレクターは頭を悩ませることになる。ただし、一度、休部、廃部になっても、学区の教育予算、運動部の予算は毎年度立てられるので、何年間かの休部の後、プレモント独立学区のように復活することも少なくない。

生徒たちが廃部を阻止したケース

まず、最初の事例として、頼もしい高校生たちを取り上げたい。学区の予算の会議のなかで、廃部候補にあがった高校の体操部が、生徒たちの力によって廃部を食い止めたケースをお伝えする。以下は THE ANSWER の二〇二一年三月三日付の拙稿に、新たな情報を加えたものだ[4]。

カンザス州のローレンス高校とローレンスフリーステート高校を抱える学区は、新型コロナの影響もあって、税収や州からの補助金が減る見通しとなり、学区の教育予算の削減を迫られた。二〇二一年一二月に行われた学区の予算ミーティングでは、何を削減するかが議論され、高校の体操部を休部するという案が出た。ローレンス高校とローレンスフリーステート高校の二つの学校の体操部は、同じ体育館を使って合同練習しており、一人のコーチが両校体操部の指導をしていた。他の運動部と比較して体操部の人数が少ないことや、学校外にも民間の体操クラブがあることから、体操部の活動を停止する案が出たようだ。この学区の予算ミーティングは公開されていて、動画による中継もある。こういった透明性があることで、体操部の活動停止案が出されたことは、すぐに生徒たちの知るところとなった。

体操部の生徒たちは活動停止に反対した。そこで、高校の生徒会に協力を求めた。体操部員のなかに生徒会活動にも参加していた生徒がいたようである。協力要請を受けた生徒会長は全校生徒に向けて、体操部の活動停止に反対する生徒は抗議活動に参加して欲しいと呼びかけた。彼らは感情に任せて抗議したのではなく、落ち着いて行動した。生徒会は事前に校長から「平和的な抗議活動であれば、参加する生徒を処分しない」との言葉を引き出していることからも、その様子がうかがえる。一二月八日の四時間目の授業が始まるとき、ローレンス高校では、体操部の廃止案に反対する生徒たちは、授業には出席せず、中庭付近に集まって座り込みを行ったという。ローレンスフリーステート高でも、同じ時間帯に、生徒たちによる抗議運動が行われた。

このような抗議運動の一部始終を詳しく伝えたのはローレンス高校の新聞部だった。この新聞部の記事[5]によると、およそ三五〇人の生徒がこの抗議活動に加わったという。新聞部が撮影した写真から、通路や階段に生徒たちがびっしりと座り込んでおり、その通路の中央で体操部員が床運動の技を披露しているのがわかる。一方のフリーステート高の新聞部でも、抗議活動を録画し、SNSでアップするなどして、状況を伝える努力をしていた。

ローレンス高校には、生徒の力によってものごとを変えていくという伝統があるそうだ。一九六〇年代から七〇年代にかけては公民権運動にかかわり、黒人の教師を採用すること、黒人の生徒のチアリーディング部への入部を認めること、アフリカ系米国人についての歴史の授業を行うことを、学校に求めて勝ち取ってきた。このときの座り込み活動の様子は、学校の廊下の壁画にもなっている。ローレンス高の新聞部の記事によると、抗議活動の最後に生徒会のロペスさんは「ここに来てくれた皆さんに感謝します。今日、皆さんが帰るときには、自分が役に立ったと感じてほしいと思います」とコメントし、抗議活動を許可した校長にも感謝したと伝えている。

二〇二二年の年明けの学区の予算ミーティングでは、体操部存続を求めて、体操部のコーチ、部のキャプテン、保護者の一人が廃部案に対して異議を申し立てる短いスピーチを行った。予算ミーティングでは、生徒や保護者がこういった発言をする権利が認められている。キャプテンの話はこのようなものだった。「八歳のときから学校外のクラブで体操をしており、週に一五 - 二〇時間練習していたこともあって、高校入学時には燃え尽き状態にあった。しかし、高校の体操部に入ったことで、学校の様々な他の活動にも参加するようになった。これらの活動によって友人を作ることができ、自分を律することを身につけ、自信をつけた。学校での活動がなければ、ナショナルメリット（成績優秀者に与えられる奨学金制度）にはなれなかったと思う」。彼女の話は、競技志向の強い学校外の民間クラブではなく、学校の体操部に入ったことで、他の活動にも参加して友人の輪を広げることができ、さらに自律し、自信をつけたことが優秀な成績につながったとし、自身の体験から教育的価値があったと主張するものだったといえるだろう。

そして、最終的に体操部は存続することになった。二〇二二年一〇月に地元紙は「ローレンスの高校体操プログラム、閉鎖の危機を乗り越え復活を遂げたシニア［筆者注：高校の最終学年の一二年生を指す］たちに注目」[6]というタイトルで、存続を勝ち取った部員たちの様子を伝えた。この記事では、体操部の人数が二二人から二七人に増えたと伝えている。これまで学校外の民間の体操クラブに所属していた生徒が学校の体操部に入ったからだ。この生徒らは幼いときから民間の体操クラブで競技をしてきたが、学校の体操部に入るのは初めてだった（第1章で取り上げたＮＣＡＡの資料によると、他の競技ではシーズンは学校運動部で、シーズン外は学校外のクラブで活動しているケースが多いが、体操は学校外のクラブだけに所属して、大学の体操部に入っている生徒が多い。これは、一般的には、学校外の民間クラブのほうが学校の体操部よりも、競技志向が強いことを示している）。

この記事によると、最上級生の一二年生になって初めて学校の体操部に入った生徒は、民間のクラブで八年間にわたって競技を続けていたが、そろそろやめようかと考えていたところだった。しかし、学校の体操部に移ることにしたという。高校の体操部に移ったメリットとして、複数の活動ができるようになったことを挙げ、この秋にはゴルフ部でもプレーし、二種目の選手となったと言う。また、記事では一一年生（日本の高二生）で学校外のクラブから学校の体操部に移った生徒の言葉も伝えていた。学校外のクラブはストレスのかかる環境であったとし「私も（学校の体操部存続のための）抗議に参加しました。そして、彼らのチームがどれだけ仲が良かったか、みんながどれだけ彼らのために懸命に闘っていたかを目の当たりにして、これは私が関わりたいことなのかもしれないと思ったのです」と答えている。学校外のクラブのほうがより競技志向が強く、選手であるる生徒にはよりストレスのかかる環境であったこと、学校運動部のほうが複数種目を両立しやすい環境にあること、また、学校外のクラブよりも、帰属意識や居場所を感じられやすい環境だったようだ。

アメリカの運動部は、第3章で見たように、労使交渉によって指導者の大まかな労働時間が決まっていることもあり、生徒が練習の時間や日数を自由に決める仕組みにはなっていない。試合の選手起用などについても、生徒たちが自主性を発揮する場面はあまりないように見受ける。しかし、体操部の危機に、体操部として結束するだけでなく、生徒会や新聞部とつながって平和的手段で抗議を行い、意見を主張した。これらの一連の行動は、課外活動を通じて、自主的に他の部や生徒会と連帯し、自分たちの行動に責任を持って抗議することを学んだ高校生たちの姿ともいえるのではないだろうか。

ちなみに、この抗議活動の記事を書いたローレンス高校新聞部の部員は、二〇二一‐二〇二二年度のカンザス州内で最も優秀な高校生記者のひとりに選ばれている。

自ら財源を調達して、廃部を乗り切ったケース

ローレンス高校の体操部のように、学区の予算会議での異議申し立てや生徒の抗議によって活動の停止を免れたケースのほかに、自らで活動費を調達してきて、運動部を存続させることがある。一九世紀末から一九〇〇年代のはじめは、生徒自らが活動費を集めていたので、「先祖返り」といえるかもしれない。ニューヨーク州ヒルトン学区でも、予算の削減を受けて、いくつかの運動部活動を中止にしなければならず、その中止の候補として、アイスホッケー部、主に下級生のためのバスケットボール二チーム、ジュニアバーシティーのバレーボール部が上がった。しかし、アイスホッケー部は自助努力によって、継続する見込みとなった。

以下は新型コロナウイルスの影響を受けた二〇二〇年秋の publicschoolreview.com 報道[7]である。

「ヒルトン学区のアイスホッケー・ブースタークラブ（主に保護者で構成される支援クラブ）は、このニュースを黙って受け入れないことに決めた。この保護者のグループは『ヒルトン・ホッケーを救おう』を組織し、学校でアイスホッケーを存続させようと寄付金を集めている。このブース

ータークラブは、学区がどの削減を押し通すか決定するのを待つ間、嘆願書を配布し、学区の会合に出席し、さまざまな募金活動に参加している」

ブースタークラブについては、第7章で詳しくレポートするが、課外活動を金銭も含めて支援するグループである。全運動部でひとつのブースタークラブを持っているところもあれば、各運動部がブースタークラブを持っているところもある。主に部員の保護者で編成されていることが多い。この学校はアイスホッケー部のブースタークラブが、学区の予算が審議されている間に、活動に必要な寄付を集めながら、学区に対しては、継続の嘆願書を集めるなどして動いているということだ。

どの運動部を削減するか

学区の予算不足で運動部の削減を迫られた時、どの運動部を削減するのかは難しい。どのように決定しているのか。

複数のメディアの報道から、予算削減にいかに対応しているのかを声を拾い上げ、これに筆者がアメリカの状況や背景の説明を付け加える。

中学・高校の運動部のコーチと管理者のための専門誌 Coach & A.D が五五〇人の学校運動部管理者へのアンケート調査（二〇一三年一月一五日付電子版）[8]より。

「数年前、私たちの地区は、地域の青少年プログラム（ポップワーナー、ベーブ・ルース・ベースボール、ボーイズ・アンド・ガールズクラブ、ＡＡＵなど）がその穴を埋めてくれると信じて、中学校運動部プログラムへの資金を削減した。それはうまくいっていない。この対応が生み出したのはトラベル（トップの競技）チームのメンタリティだ。普段はさまざまなスポーツに参加している少年少女が、トップチーム（トラベルチーム）に選ばれなかったことに気づき、そのスポーツを続けて技術を向上させる代わりに、参加することを断念している。このようなセレクションは、小学五、六年生のレベルでも起こっており、最終的には我々の高校の運動部を弱体化させることになるだろう」

第1章で説明したように学区は、その学区の就学前教育から小学校、中学校、高校を運営している。ここで取り上げた学区は、運動部予算が減らされたことを受けて、高校の運動部はそのまま維持し、中学校の運動部には予算をつけなかったということだ。

この談話に出てくる地域の青少年プログラムは学校外のスポーツ活動のことを指す。ポップワーナーはアメリカンフットボールのリーグ、ベーブ・ルース・ベースボールは野球リーグ、ＡＡＵはアマチュア運動協会だ。ＡＡＵでは多くのスポーツ種目のリーグを持っているがバスケットボールのリーグで知られている。ボーイズ・アンド・ガールズクラブは、放課後プログラムを提供している非営利団体で一般的には競技スポーツは行っていない。これらの学校外のクラブが受け皿になってくれることを期待して、中学の運動部を縮小した。

学校外の競技チームはトラベルチームと呼ばれているもので、よその街に移動しながら、同程度の競技レベルのチームと対戦することを目的としたチームだ。こういったチームに入るためにはトライアウトをパスすることが必要になるが、トライアウトをパスできずに居場所を獲得できなかった子どもが、スポーツ活動から離れているのではないかと、この学校運動部の管理者は見ている。実際に、アメリカでは一三歳時点でスポーツに参加している七割の子どもがやめてしまうというデータがある[9]。

小学生年代には競技志向の強いトラベルチームもあれば、レクリエーションチームもある。しかし、多くの子どもたちと保護者は、レクリエーションチームに比べて費用のかかるトラベルチームへの参加を希望するようになっている。将来はプロアスリートにということではなくとも、トライアウトをパスして高校の運動部に入るためにはレクリエーションチームでは不利で、トラベルチームのほうが有利だからだ。第1章、第4章でもでもふれたが、プロアスリートを目指さなくても、高校で何らかの課外活動をしていることは大学の入学選考の評価対象になるので、そういったことからも運動部に入りたい子どもは多い。こういった背景もあって、レクリエーションチームでスポーツを楽しむことに価値を見出せなくなっている[10]。

また、ニューヨーク州ノース・シラキュースの地元メディアSyracuse.com は二〇一三年六月四日[11]に、ノースシラキュースセントラル学区の二〇一三‐一四学年度補正予算で、運動部の二五人のコーチが削減され、八チームが廃止されることになったと伝えている。この削減により、女子と男子のジュニアバーシティ（二軍）のテニスチーム、アメリカンフットボールの下位チーム、モディファイド型男子バスケットボールの一チーム、モディファイド型女子バスケットボールの一チーム、モディファイド型バレーボールの一チーム、モディファイド型ソフトボールの一チーム、バーシティ・ゴルフがなくなるという。モディファイド型チームとは高校運動部への準備チームのようなものだ。チーム数が減ることは、スポーツに参加できる生徒が減ることを意味する。このノースシラキュースセントラル学区では、七年生（日本の中一）、八年生（日本の中二）チーム、または、八年生、九年生（日本の中三）チームがモディファイド型運動部に参加していた。この学区も高校のバーシティー（一軍）を守り、下部に相当するテニス部のジュニアバーシティー（二軍）やさらに下の学年の生徒が参加するモディファイド型チームを削減対象とした。

次は、リーマンショック直後の二〇一〇年－一一年度の学区の教育予算の削減を受けて、中学校の運動部の活動停止の検討を行っていたという報道だ。アスレチックビジネスの二〇一〇年八月三日の電子版[12]が報じた。

ペンシルバニア州のイーストン・エリアの中学校では、中学の運動部の活動停止を検討した。活動停止をした場合には、一一種目のスポーツに取り組む推定四〇〇人の七年生と八年生が、レクリエーションリーグに参加するか、他の放課後活動を探さなければならなくなった。しかし、最終的にはチアリーディングチーム、女子バスケットボールチーム二チームのうち一チーム、男子バスケットボールチーム二チームのうち一チーム、レスリングチーム二チームのうち一チームは活動停止となったが、チームの交通費の削減、一部のコーチ職を廃止することで、これ以外の運動部は残すことができた。

この学区のアスレチックディレクター、ポクリブサック氏によると、これら四種目四チームの削減は、推定で六〇人から七〇人の生徒に影響を与えるとし「地域のレクリエーション組織は六年生までしかレスリングのプログラムを提供していないため、レスリングの廃止は本当につらい。中学生の子どもたちは取り残されることになる」とコメントした。また、ポクリブサック氏は、活動停止となる四種目と関連する地域のレクリエーション団体の代表者と面会したことについてもふれ「もしすべてのスポーツをカットしたら、コミュニティリーグはプログラムを拡大して継続しなければならず、その資金をどこから捻出するのだろうか。私たちのコストを彼らに押し付けるだけだ」と話している。

全米の学校運動部のアスレチックディレクター等の協会である全米高校運動部管理者協会(National Interscholastic Athletic Administrators Association)のアソシエイトエグゼクティブディレクターであるマイク・ブラックバーン氏は、この状況を「憂慮すべきもの」であるとし、中学・高校レベルでの最近の削減は、同氏が三九年間の管理者生活の中で見た中で最も厳しいものであると述べた。「中学校のスポーツプログラムは、高校のスポーツプログラムのための土台というよりも、子どもたちの個々の成長のためのものだ。それを切り捨てることで、学校は子どもたちが参加する機会だけでなく、適切な方法で成長する機会を確実に減らしている」としている。

わたしが住んでいるミシガン州デトロイト郊外の学区でも、リーマンショック直後に学校の統廃合が行われた。このときは、小学校の統廃合と中学校の再編だった。しかし、さらに、この後、学区の子どもの人数が減ったこともあって、学区内に三つあった高校を二つの高校に統廃合した。これに関する学校側の説明会では、運動部はどうなるのかという質問も出た。これまで三つの高校が、それぞれに運動部のバーシティーのチームを持っていたが、統廃合して二つの高校になると、バーシティーも二チームになる。それは、トライアウトに落ちる確率が高まることを意味する。バスケットボール部では、前年度シーズンにバーシティーでプレーしたものは、統廃合後もバーシティーに入ることを保障するとし、アイスホッケー部では、このシーズンは、原則としてトライアウトによるカットは行わないとした。トライアウトでカットしないことは、ベンチ入りできない選手を抱えることであり、そのシーズンに限っては、スタンドで試合を見る部員がかなりいた。また、三つのチームを二つにするにあたり、コーチの人数が減ることにもなる。三チームに三人いたヘッドコーチを、二チーム、二人のヘッドコーチに減らすことになり、日本の運動部が抱える「顧問を引き受けたくない」問題とは逆に、ヘッドコーチになりたい人たちがポジションを競うことにもなった。

涙ぐましい節約

学区教育予算から運動部の予算が削減されたとき、涙ぐましいほどの節約をして活動を存続しているケースは多数ある。再び、Coach & A.D による五五〇人の学校運動部管理者へのアンケート調査（二〇一三年一月一五日付電子版）[13]から拾い上げていく。

まず、試合会場までの移動交通費の問題である。

「数年前、私たちの学区は、（試合の送迎のための）バス運転手の賃金を運動部［筆者注：運動部に参加している生徒の保護者］に請求する道を選びました。私たちの学校は比較的小規模ながら数多くの運動部が存在するので、バスによる移動費は合計で一〇万ドルにも上りました」

「私たちの学校では、試合後の生徒の送迎サービスを中止しました。多くの選手は経済的に不利な家庭から来ており、自家用車がないか、保護者が仕事で迎えに行くことができない状況にあります。そのため、コーチたちが、安全に帰宅できるように支えることになり、コーチの負担が増えています」

「交通手段が最大の問題となっています。バスをチャーターしたり、バンを利用したりせざるを得ません。私たちが学区から受ける唯一の資金は、コーチの助成金［筆者注：コーチへの報酬と思われる］のみです。試合が三日間続くことが多いため、一度に三日間まとめてかりることでチャーターバスを安く利用できることがあります。これはスクールバスよりも経済的です。私たちの学校は、他校からとても遠くにあり二時間以上かかるので、チャーターバスを利用することで、生徒たちが学校に滞在する時間を増やし、バスに乗っている間に宿題を行うことのできる快適な環境を提供しています。バンを使用することもありますが、安全性の懸念があるため、七人以上のバンの使用は認められていません」

アメリカの高校運動部、中学運動部はスクールバスを利用して、試合への送迎を行っていることが多い。ニューヨーク市内、ボストン市内、シカゴ市内など、ごく一部の都市の市内部では公共交通を使って移動できるが、それ以外のほとんどの地域では車がないと移動できない。そのためにアウェーの試合には、スクールバスを使って移動しており、スクールバスの運転手への手当て、燃料費を運動部の予算から支払っている。これを支払う予算がないことから、先に述べたように保護者負担とした学校や、送迎そのものを取りやめたところがある。コーチたちに負担がかかっているとしているのは、迎えにくることのできない保護者に代わって生徒を送り届けることもあるからだろう。

私の保護者としての経験からいえば、アメリカで子どもが課外活動に参加するための送迎の負担は大きい。学校外のスポーツに参加していたときには、保護者の負担は、さらに大きく、近所の保護者とペアになり、それぞれの負担を減らすために交代で送迎したこともあった。学校の運動部に入ると、アウェー試合にはスクールバスで行くので、少しは楽にはなった。しかし、長男が中学校のクロスカントリー部（屋外の中距離走）に入っていたときには、まさに、予算削減のために、バスは試合会場までの往路だけとなり、帰りは保護者が迎えにいかなければいけなかった。

また、私の子どもたちが通った中学や高校では、始業と終業時間には登下校のためにスクールバスに乗ることができたが、課外活動の練習が終わったときに、帰宅するためのスクールバスはなかった。徒歩通学は距離的な問題から非現実的だった。一一年生（日本の高二生）からは子ども自身が自動車運転の免許を取得し、車で運転して通学するようになったが、それまでは課外活動終了時に学校まで迎えに行かなければならず、自分の仕事との両立が非常に難しかった。長男は公立高校のクロスカントリー部に入っていたことがあるが、このときには、運転免許を持つ一二年生（日本の高三生）が運転する自家用車に乗せてもらって大会の会場から帰ってきており、毎回、交通事故に巻き込まれることのないようにと気をもんだ。

移動のバスに乗っている間に、宿題をすることは生徒たちには当たり前のようでもあった。次男の高校のサッカー部は、上級生の多いバーシティー（一軍）と、下級生で編成されるジュニアバーシティー（二軍）の試合は、会場は同じだが、試合時間が異なっていた。それでも、一台のスクールバスに二チームの全員が乗って、アウェー戦に出かけていた。移動交通費を節約するという観点からは合理的である。試合はほとんど平日に行われていて、午後五時からジュニアバーシティー、午後七時からバーシティーの試合が行われるので、どちらのチームの生徒たちにとっても待ち時間が長くなる。そのため、移動のバスや、試合の観戦用スタンドで宿題をすることは当たり前のことのようだった。

施設の維持、用具代の買い替えの問題もある。

「資金削減における最大の課題は、ユニフォームの交換です。私たちは本来五年ごとにユニフォームを新調していましたが、資金不足のため七年間に延長せざるを得ませんでした。過去に高品質なユニフォームを購入したおかげで、現存のユニフォームを二年間延長して利用し続けることができました。昨シーズンは、ある寄付者がフットボールチームに新しいロード用ジャージを提供してくれました。募金活動、炊き出しでお金を集め、今年はホーム用ユニフォームを購入することができました。現在、新しい女子バスケットボールのユニフォームとウォームアップ着が購入できるように待っています」

「（アメリカンフットボール部の）ヘルメットの再調整と交換です。価格が上昇し続け、予算を増やす余地はありません。市場にはより良い製品が出回っているにもかかわらず、アップグレードする余裕がありません。また、安全性も大きな懸念事項です」

「用具やユニフォーム、フィールドのメンテナンスの寿命を延ばすことが、経済的に圧迫された状況下で我々に課せられた課題になっています」

アメリカの学校運動部では、運動部予算でユニフォームを購入していることが多い。私の次男が所属したサッカー部では、シーズン終わりには丁寧に洗濯して、ポリ袋に入れて返却した（ソックスは返却の必要はなかった）。アイスホッケー部でも、ユニフォームは部の予算で購入していた。最終学年で記念にユニフォームを自分のものにしたい人は、実費を支払って、購入する仕組みだった。アメリカンフットボール部ではヘルメットも運動部の予算から購入していることが多いが、ここでも報告があるようにメンテナンスにもお金がかかる。こういった用具は、競技中のケガを防ぐ役割も果たしているので、予算削減のなか、安全基準を満たすことも求められる。涙ぐましい節約をして、新しいものを買わないこともしているが、用具や施設の安全基準を満たすことも求められるので、最終的にはどうにかしてお金を引っ張ってきたり、集めたりすることが必要になる。

運動部の新規立ち上げ

新しい運動部については学区の教育予算と運動部間の予算分配というお金に絡むことなので、アメリカでは、生徒や保護者が希望するからという理由だけで立ち上げることはできない（ただし、他校との対抗戦を行わない校内運動部や校内を中心としたクラブは生徒からの要望で立ち上げることができるケースが多い）。立ち上げにあたっては学区教育委員会の承認を必要とすることが一般的だ。そのなかで、学区からの予算は出ないけれど、一〇〇％自分たちで資金を調達することを条件に、新しい運動部を立ち上げているケースもある。

2016 CLASS

■注・文献

1 G. A. Bravo 2004 “AN INVESTIGATION OF STAKEHOLDER INFLUENCE AND INSTITUTIONAL PRESSURES ON BUDGET STRATEGIES OF HIGH SCHOOL ATHLETIC DEPARTMENTS”, Presented in Partial Fulfillment of the Requirement for the Degree of Doctor of Philosophy in the Graduate School of The Ohio State University

2 D.A. Pierce and Leigh Ann Bussell 2011 National Survey of Corporate Sponsorship in Interscholastic Athletics, Sports Management International Journal ,Vol7,2011.11.: 46

3 前掲

4 谷口輝世子 2022.3.3「高校運動部の自主的な行動とは何か　体操部廃止に米国の高校生が実施した抗議とは」THE ANSWER

5 C. Dunn 2021.12.8 “Lawrence High student sit-in aims to save gymnastics program.” https://lhsbudget.com/recent/2021/12/08/lawrence-high-student-sit-in-aims-to-save-gymnastics-program/

6 Tricia Masenthin 2022.10.9. “Lawrence high school gymnastics program highlights its seniors, comeback after brush with closure”, The Lawrence Times. https://lawrencekstimes.com/2022/10/09/usd497-gymnastics-seniors/

7 G. Chen 2020.10.8 “Hello Budget Cuts, Goodbye Sports: The Threat to Athletics”,Publicschoolreview.com. https://www.publicschoolreview.com/blog/hello-budget-cuts-goodbye-sports-the-threat-to-athletics

8 Coach & A.D 2013.1.15 “How decreased funding is affecting high schools nationwide.” https://coachad.com/articles/how-decrease-funding-is-affecting-schools-nationwide/

9 Julianna W. Miner 2016.6.1 “Why 70 percent of kids quit sports by age 13” The Washington Post https://www.washingtonpost.com/news/parenting/wp/2016/06/01/why-70-percent-of-kids-quit-sports-by-age-13/

10 M.Valencia 2022.8.22 “The Disappearance of Children、s Recreational Sports”,Romper. https://www.romper.com/parenting/youth-recreational-sports-programs-dwindling-access

11 Sarah Moses 2013.6.4 “North Syracuse's amended budget cuts 25 coaches, eliminates 8teams ”https://www.syracuse.com/news/2013/06/north_syracuses_amended_budget.html

12 Athletic Business 2010.8.3 “Eliminating Middle School Sports Leaves Student-Athletes Fewer Places to Play” https://www.athleticbusiness.com/operations/programming/article/15142397/eliminating-middle-school-sports-leaves-student-athletes-fewer-places-to-play#:~:text=Email%20Address%20*-,Cuts%20to%20middle%20school%20sports%20could%20leave%20prospective%20high%20school,in%20high%20school%20sports%20participation

13 Coach&A.D 2013.1.15 “How decreased funding is affecting high schools nationwide.” https://coachad.com/articles/how-decrease-funding-is-affecting-schools-nationwide/

運動部参加費の徴収

外部からの資金調達

学区から運動部の予算が削減されたときには、第5章のように、運動部を縮小したり、経費を節約したりして乗り切る。一方で、公立校の運動部でも、外部に資金を求め、新たに資金調達することも当たり前のこととして行われている。外部からの収入は、受益者負担として参加費を徴収すること（第6章）、主に保護者で構成されるブースタークラブなどを通じてお金を集めること（第7章）。企業とスポンサー契約を結ぶこと（第8章）、試合の入場券販売による収入（第9章）などが挙げられる。

これらのなかで、外部資金を調達するときには、よく用いられているのはどのような方法なのか。二〇一一年に発表された"National Survey of interscholastic sport sponsorship in the United

States"[1]によると、最も多く使われていたのはファンドレイジング（資金調達）であり、八七％の学校で使われていた。この調査でファンドレイジングとされているのは、ブースタークラブなどを通じて寄付を集め、サービスや物品を売って、資金を調達していることを指している。スポンサーシップからの収入があると答えたのは五七％、参加費徴収は三四％だった。生徒から参加費を徴収することは行っているが、寄付を募ったり、物品を販売したりして、資金を得ることや、スポンサー契約を結ぶことがより選択されているといえるだろう。

生徒から運動部の参加費を徴収することは、アメリカの運動部で最も用いられている資金調達手段ではない。しかし、日本の中学校の部活動地域移行においても、参加費の徴収が導入されたり検討されたりしており、関心が高いと考えたので、まず、アメリカの運動部参加費について、法廷での争い、家庭の経済格差などの観点からレポートしたい[2]。

どのくらいの学校が参加費を徴収しているのか

前述した調査では三四％の学校が参加費を徴収しているという。この他のデータとして、The School Health Policies and Practices Study の全米の学校運動部管理者や教員を対象にした調査では、このような参加費を徴収している運動部があると回答したのは二〇〇六年で三三％[3]、二〇一四年で約四二％[4]だった。一九八二年の調査では、運動部参加費を徴収していたのは、全米の高校の一一％

だったという[5]。おそらく一九八〇年代から二〇一〇年代にかけて運動部の参加費を徴収する学区や学校が増え、現在では、全米の三〇‐四〇％の学校で運動部の参加費を徴収しているといえるだろう。また、全米ではなく、ミシガン州高校体育協会の調査結果によると、二〇一四‐一五年度は五六・六％の加盟校が運動部の参加費を徴収していて、これは、二〇〇三‐二〇〇四年度に調査を開始してから過去最高だった。二〇二二‐二三年は、運動部の参加費を徴収しているのは四一％にまで減った[6]。

参加費徴収を巡る議論

いつから、アメリカの中学校や高校で運動部の参加費を徴収するようになったのかははっきりとはわからなかったが、運動部に参加する生徒から参加費を徴収することが注目されるようになったのは、参加費を巡って裁判で争われた一九七〇年以降のようである。また、運動部管理者向けのガイドブックの“Administration of High School Athletics Fourth Edition”は一九三二年の初版から一九八二年の七版まで出ているが、一九六二年出版の第四版[7]、一九七七年の第六版[8]、一九八二年の第七版[9]を確認したところ、参加費徴収の話が出てくるのは、第七版の一九八二年版だけだった。

運動部の参加費の徴収を巡っては、二つのことが議論されてきている。ひとつは公立の義務教育課程で参加費を徴収することは、無償で教育を受ける権利に反するかどうかという点である。無償で教育を受ける権利と照らし合わせて法廷の場で公立校の参加費の徴収が、合法かどうかが争われた。もうひとつは、参加費を徴収することで支払えない家庭の子どもと、支払える家庭の子どもとの間で参加格差が生じるのではないかという議論である。

義務教育課程の公立校における参加費

一九七〇年に運動部の参加費徴収を巡ってアイダホ州では裁判[10]に持ち込まれた。アイダホ州のある学区では教科書代や運動部参加費を徴収していたのだが、この費用を納めていなかった生徒の保護者と学区が、この支払いが違法かどうかを巡って裁判で争った。この生徒が高校在学中に「教科書代」一二ドル五〇セントと「活動費」一二ドル五〇セントを支払っていなかったことを理由に、学校側がこの生徒の成績証明書を進学希望の州立大学に提出することを拒否したことから、保護者が裁判を起こした。この生徒が高校に在学していた期間は、教科書代を支払わなくても教科書が配布され、生徒の授業に出席する権利に何ら影響はなく、運動部活動に関しても、参加費未納でも行事や運動部活動に参加することができた（この生徒は学校から大学へ成績証明書が出ていなかったが、大学には仮入学を許可された）。

この生徒は教科書代と運動部活動の参加費を支払っていなかったが、この二つの未払いはそれぞれに異なる性質のものだ。裁判では、教科書はどの生徒にとっても必要なもので、全生徒に等しく恩恵をもたらすものであるとした。アメリカの義務教育は「無償」で教育を提供するものであり、学校は教科書代のような費用を生徒に請求することはできないと判断された。しかし、課外活動は高校生活に必ずしも必要なものではなく、卒業要件にも含まれていないので、学校が、そのような活動に参加したい生徒に参加費を徴収することを、法は禁止していないと判断した。

同じ一九七〇年にミシガン州で行われた裁判[11]では、このアイダホ州での判決が参照されており、ここでも、課外活動に参加する生徒から参加費を徴収することは違法ではないと判断された。ミシガン州では、一九八五年にも再び学校は運動部の参加費を徴収できるのかについて法廷で争われており[12]、裁判では「私たちは学校間対抗試合をする運動部は、どの学校にも必要な活動であるとは認めない。これらの活動は任意であり、必要不可欠なものではなく、費用を支払う余裕のない生徒のために費用を免除する規定が設けられている」とされた。このときは、運動部の参加費を徴収することは違法ではないとしたが、支払えない生徒のために免除規定があるかが判断材料のひとつに挙げられた。

一方、一九八二年のカリフォルニア州の裁判[13]では、生徒に課外活動、音楽活動、運動部活動への参加費の支払いを要求した学区に対して、異なる見解が示された。カリフォルニア州最高裁判所は、課外活動が卒業に必要な単位を取得するものでなかったとしても、参加費を徴収することは、カリフォルニア州法の「フリースクール（無償で提供される公立の義務教育課程）」の保障に違反すると判断した。

州法による規定

一九九七年に発表された調査[14]によると、公立の義務教育において課外活動参加費の徴収を違法としたのは五州あり、カリフォルニア、ニューヨーク、カンザス、ニュージャージー、アイオワだった。違法ではないが徴収しないとしていた州は次の通りである。アラバマ、デラウェア、フロリダ、ジョージア、アイダホ（アイダホは前述したように一九七〇年の裁判では課外活動参加費の徴収は違法ではないとしたが、後に変更し、違法ではないが徴収しないとした）、メイン、メリーランド、ネブラスカ、ニューメキシコ、テネシー、バーモント、ワイオミング。課外活動の参加費を徴収してもよいとしたのは、アリゾナ、コネチカット、イリノイ、マサチューセッツ、ミシガン、ミネソタ、オハイオ、オレゴンであった。

しかし、その後の調査では、公立の義務教育における課外活動参加費の徴収を違法とするかが変わっている。二〇一六年に発表された調査[15]によると、参加費の徴収を認めていないのはカリフォルニア州だけであった。およそ二〇年間で、運動部参加費の徴収は違法であるとしていた州が五州からカリフォルニア州だけになった。また、カリフォルニアを含む一八の州で課外活動参加費に関する法律が制定されているが、このうち一七の州では参加費の徴収が認められている。

課外活動の参加費徴収に関する法を持つ一七州では、各学区教育委員会が料金を設定し、徴収する権限を持つとしているところが多いが、バージニア州は、学区ではなく、州の教育委員会が費用を承認しなければならない。また、アリゾナ州やユタ州では、公聴会によって料金を決めることとなっている。

また、この一七州のうち、九つの州の法律では、参加費の免除制度について規定している[16]。運動部の参加費免除の資格を、連邦政府の支援プログラムと一致させている州が多い。学校における昼食代の減免措置を受けている低所得世帯には、運動部参加費用も減免するというものだ。このほか、親の兵役、経済的負担、里親として養育している、ホームレス状態にある、または「合理的に」支払う能力がない人について言及しているところもある。

この他の残りの州には公立の義務教育における課外活動の参加費徴収に関する法はない。だからといって、これらの州のすべての公立の義務教育で課外活動の参加費を徴収しているわけではない。参加費を徴収することが合法か違法かを定める法そのものはないことを意味しており、参加費を徴収するかどうか、いくら徴収するか、どのような形で徴収するか、免除規則などは、各学区教育委員会が決めることになる。

格差問題

参加費を徴収する受益者負担の導入によって、支払える家庭と支払うことのできない家庭が生まれ、運動部機会格差につながるのではないかと懸念されている。アメリカでは、参加費の支払いがあることで、参加を断念している生徒がいることはデータからわかっている。

二〇一二年のミシガン大学の調査によると[17]、世帯年収を六万ドルで区切って参加費徴収の影響を見たところ、六万ドル以下の家庭では子どもが運動部に参加していると回答したのは三四％、六万ドル以上の家庭では五一％だった。世帯年収六万ドル以下では一九％が「参加費の支払いのために参加を見送った」と回答したが、六万ドル以上では五％にとどまった。低所得世帯として免除を受けている世帯は全体の六％あったが、免除世帯には該当しないけれど経済的に余裕がないというケースや、参加費を取られるなら参加を見送るというケースがあるのではないか。

しかし、参加費の徴収が運動部機会にあまり影響を与えていない学校もある。ミシガン州の公立学校を対象にした調査[18]によると、貧困世帯の生徒が少ない都市部郊外の大規模校では、受益者負担制度を導入しても、参加する生徒の人数には影響がなかった。こういった学校では、参加費徴収によって財源を確保できるため、むしろ、より多くのスポーツ活動の機会を提供できるようになるという。また、アスレチックディレクターらを対象にした別の調査[19]でも、裕福な学区のアスレチックディレクターは、「学校外のクラブチームやトラベル〔筆者注：競技〕チームに参加する場合、参加費は高校よりも高くなる。だから彼らの一部は、この料金を理解していると思う。他の習い事と比べれば、（運動部の参加費が）低額であることを喜んでいる子もいるでしょう」と述べている。民間クラブのスポーツチームの料金は高校の運動部参加費よりも高いことが多い。中学や高校の運動部に入る前の小学生時代に高額な料金を支払ってスポーツ活動することに慣れている生徒と保護者にとっては、運動部参加費徴収が受け入れやすいということだろう。

学区間格差

参加費を徴収できない生徒のために減免措置を設けている学区が多い。しかし。アメリカにはおよそ一万三四〇〇の学区があり、それぞれの学区の財政事情は異なる。裕福な世帯の生徒が多い学区は、教育財源となる住民からの税収も多く、減免措置を必要とする生徒も少ない。そういった学区では、参加費を徴収することで運動部の財源がより豊かになるし、学区内にいる低所得世帯の生徒には参加費の減免措置を適用して、運動部参加機会を与えることができる[20]。

しかし、このような減免措置があまり意味をなさない学区もある。低所得世帯のため、昼食の減免措置を受けている子どもが大半を占める学区があるからだ。一例をあげると、ミシガン州には全生徒の八割以上が昼食減免措置の適用世帯にあたる学区がある[21]。こういった学区で、運動部参加費を支払えない家庭には参加費の支払いを求めないという規定にすると、大半の子どもが参加費の減免措置対象となる。したがって、参加費を徴収することで活動の財源にすることは現実的ではない。ひとことに参加費の徴収は低所得世帯の子どもの活動機会に影響があるといっても、裕福な世帯の多い学区に住む低所得の子どもは免除措置によって機会を提供することができるが、貧困世帯の多い学区では、参加費の徴収そのものが有効な対応策ではないことになる。

低所得世帯の多い学区では、学区の教育予算は連邦政府や州政府からの補助金があり下限は保障されていており、学区教育予算は大きな差がない。とはいえ、この学区の生徒の保護者たちは参加費の支払うのが難しい状況にあり、運動部の財源を確保できないので、運動部の数を抑えるなどで対応しなければならない。それでは、貧困世帯の多い学区から裕福な学区に引っ越しすればよいのだろうか。これも簡単なことではない。裕福な世帯の多い学区は地価が高く、家の値段やアパートの賃料も高いので、貧困世帯は引っ越しをしにくい。支払い能力のある世帯は、裕福な世帯が多く、学区教育予算も十分な学区に住む。参加費の支払いに困る世帯は、貧困世帯の多く、教育予算の少ない学区に留まることになる。そのために、運動部の活動機会も限られる。

例えば、ミシガン州で、一八歳以下の子どもを持つ世帯の収入が州内で三番目に低いリバールージュ高校の運動部のバーシティーは、男子六種目、女子四種目の計一〇種目である。これに対し、同じミシガン州で、一八歳以下の子どもを持つ世帯の収入が最も高いノースビル高校では、男女あわせて二八種目ある。ノースビル高校では一人あたりの参加費は年間で三八五ドルだ。ちなみに一八歳以下の子どもを持つ世帯収入が州内で最も低いハイランドパークでは、学区の財政難と生徒の流出によって、公立高校そのものを閉鎖した。

こういった格差については、ロバート・パットナム著の『われらの子ども』[22]でも取り上げられている。パットナムは全米で唯一、運動部の参加費を徴収していないカリフォルニア州オレンジ郡の二つの高校、裕福なトロイ高校と貧困世帯の多いサンタアナ高校の課外活動について次のように述べている。

「トロイ高校はサンタアナ高校よりも課外活動のメニューが豊富だが、（中略）この差は私募の募金によって説明でき、校区によって予算投下が異なるわけではない。学校システムによって統制できることが明白な指標――予算、教員の量と質、そしてカウンセリング――において、この二つの学校はほぼ似ている」

二〇一二年のデータによると、トロイ高では生徒一人あたりの教育支出は一万三二六ドル、サンタアナ高は生徒一人あたりの支出は九九二八ドルで、連邦政府や州政府の補助金を受けているため、この二つの高校の生徒一人あたりの支出は大きく変わらない。しかし、運動、芸術などの課外活動数はトロイ高が三四あるのに対し、サンタアナ高は一六しかない。この理由をパットナムは次のように説明している。

「トロイがこのように驚くほど広範な課外活動を提供できるのは、親や地域の人々による、積極的な募金活動があるからである。多くの活動には、それに付随している後援グループがある。クララ［筆者注：トロイ高の生徒の保護者］は、他の親と同様に自分たちも定期的に学校に寄付をしていると説明する。公立学校に多額の寄付をしても、私立高に通わせるよりは安いからだ」

受益者負担である参加費を徴収しても、支払える世帯が多ければ、低所得世帯の生徒の活動機会も保障でき、さらに豊かな活動環境を作ることができる。また、公立の義務教育においての課外活動参加費の徴収を禁じているカリフォルニア州でも、保護者がすすんで寄付をすることによって運動部は活動財源を得て、活動機会を増やすことができる。一方で、減免措置を設けても支払えない世帯が多い学区や、保護者を中心する身近な大人からの寄付を得られない学校では、課外活動の機会を増やすことができない。学区内の経済格差問題は支払える家庭が支払えない家庭の子どもをカバーできる。しかし、支払える世帯が少数派の学区と大多数の世帯が支払える学区との学区間の格差はなかなか埋めることができない。このような学区間の課外活動の機会格差を是正する非営利団体の取り組みについては第10章でレポートする。

次に、現場レベルでの参加費徴収の取り扱いや考え方について"Pay to Play" Sports Fee Policies: A Qualitative Study"[23]から、参加費の金額と徴収方法、免除制度、参加費の使い道を紹介したい。

参加費の金額

各学区はどのように参加費の金額を決めているのか。先に見たように州法では、学区教育委員会が決定することと規定しているものが多い。学区教育委員会が参加費を決定する場合には、何を根拠に金額を算出しているのか。いくつかの方法が採用されていることがうかがえる。

まず、運動部予算を参加する選手の数で割るというシンプルなものだ。各運動部にかかる具体的な経費を詳細に計算したうえで金額を算出している。このほかに、必要な費用を集めることと保護者の支持を得られないほど高額になりすぎないようにすることのバランスを考えて、教育委員会が料金を設定しているという回答があった。

一部の運動部は他のスポーツよりも運営費が高く、その結果、料金にばらつきが生じるので、種目によって参加費の金額は異なるという回答があった。もちろん、運動部に参加する生徒に対し、同じ金額の参加費を徴収しているところもある。

運動部の参加費の徴収形式は、年間で徴収する方式と、シーズンだけ徴収する方式があった。年間で徴収する場合は、秋・冬・春と三つの運動部に所属しても、一つの運動部に所属しても参加費は同じだ。これと似たもので、複数の運動部に所属する生徒に配慮して、ひとりあたりの上限を定めているケースがある。多子世帯に配慮して世帯の支払いに上限を設けているケースもあった。

参加費の使い道、管理法

徴収した運動部の参加費を、どのように使っているのか。参加費の全額が運動部予算になる学区もあれば、コーチの報酬にあてられるように学区の一般会計に回される地区もあった［筆者注：アメリカでは、運動部を学校の管理下に入れた一九三〇年ごろから、コーチの報酬は学区教育委員会から支払う形式をとっていることが一般的で、外部から調達した資金を直接にコーチ報酬とすることを避けている。これは、保護者も含む外部の出資者の意向がコーチ人事や運動部の活動方針に影響が及ぶことを避けているからである。参加費をコーチ報酬にあてる場合には、いったん学区の一般会計に入れるという手続きを取っているのは、そのためだと思われる」。

私が保護者として経験した運動部の参加費徴収について

私には子どもがふたりいて、ひとりは一年間、公立校に通った後、奨学金を得て寮制の私立高校へ編入した。この私立高校では、課外活動にかかるコストは用具代も含めてすべて学校が負担した。つまり、保護者が支払う授業料に課外活動の費用も含まれているということだ。

もうひとりの子どもは、近所の公立高校に進学した。この学区の高校運動部活動費として年間で三五〇ドルを徴収していた（中学校は活動量が少ないので、年間一五〇ドルだった）。昼食代の減免措置を受けている世帯は、高校の運動部参加費の支払いも免除される。多子世帯への配慮はあり、一世帯の支払いは最高で七〇〇ドルとなっていた。

公立校に進学した子どもは、秋にサッカー部、冬にアイスホッケー部に所属していた。しかし、アイスホッケー部だけに所属する場合は、参加費の徴収を免除された。なぜならば、練習や試合に必要なアイスリンクの使用料は、参加する生徒の負担、つまり、保護者が支払っていたからである。ただし、アイスホッケー部のヘッドコーチの報酬は学区が支払っていた。

三五〇ドルという値段が高いか安いか。もしも、秋・冬・春と三つの運動部に入り、約一〇カ月活動しているのならば、ひと月あたり三五ドルでとても安いといえるだろう。しかし、一種目で三五〇ドルならば、やや割高感があった。それでも、学校外のスポーツ活動よりは安いとも感じた。私の子どもたちは、高校の運動部に入るまで、つまり、小学生と中学生のときには学校外の競技チームに所属していた。そこでのコーチは、プロでプレーしていた人も含まれていたが、この人も含めて無償のボランティアコーチが多かった。しかし、グラウンド（アイスリンク）の使用料、試合や練習の移動のコスト、試合の審判に支払うお金などを保護者が負担していた。アメリカでは、このほかにも、コーチにお金を払って個人レッスンを受けたり、グループレッスンを受けたりすることが多い。学校の運動部や、学校外の競技チームであっても、全体練習は日本より少ないから、それを個別に補う必要があるためだ。私の子どもも小中学生時代には、このような有料レッスンを何回か受けており、その費用がかかった。

参加費の廃止

第5章の運動部の休部でもふれたが、学区の教育予算は年度ごとにたてられる。学区の予算がかわれば、運動部への割り当ても変わる。だから、一度、参加費の支払い制度を導入したからといって、それがずっと続くわけではない。この章のはじめにミシガン州高校体育協会が調べた参加費を徴収している加盟校の割合は、年度によってばらつきがあり、二〇一三‐一四年度をピークに減少傾向にあると述べた。私の子どもが通ったミシガン州デトロイト郊外の公立高校も二〇二三−二四年度から、運動部参加費の徴収を取りやめた。この学校は年間三五〇ドルの参加費を徴収していたのだが、徴収をとりやめた理由について、学区の教育長が地元メディア[24]に次のように説明している。

「これは、運動部に参加するための障壁をなくすためのもうひとつのステップだと考えています。生徒が課外活動を通じて学校とつながっていると、学業成績が向上することを私たちは知っています。私自身、五つの学区で働いたことがありますが、どの学区でも参加費は必要でした。アメリカの高校や中学に行けば、オーケストラやスポーツ、ロボット工学など、学校が提供するすべてのものを利用できるはずと、私は考えています。そして、公教育のもとでは、無償でそういったことができるべきなのです」

ここでも、学校とのつながり、学業成績向上という教育効果を提示して、できるだけ多くの生徒に参加してもらえるように参加費の徴収を廃止したと説明している。この学区には一般的な高校が二校、中学が三校あり、課外活動費には総計で二〇〇万ドルがかかっていた。このうち、参加費によって三〇万ドル程度を補っていた。

「家庭からのエピソードとして、免除制度があっても、参加費の支払いがあることで運動部参加に消極的になることがあります。私たちは、すべての生徒が学校とつながっていてほしいと願っています」

教育長は、免除制度があっても、参加へのハードルになっていたと考えたようだ。参加費廃止分を補うために、学区教育予算から生徒の活動費割り当て予算を増やした。

■注・文献

1 David A. Pierce and Leigh Ann Bussell 2011 National Survey of Corporate Sponsorship in Interscholastic Athletics, Sports Management International Journal, Vol7,2011.11.

2 参加費の徴収については、「日本の部活改革で議論の的に　全米も悩む指導者コスト問題、誰が負担するべきか」THE ANSWER 2021.12.26 でも掲載している。https://the-ans.jp/column/209413/

3 Lee SM, Burgeson CR, Fulton JE, Spain CG 2007 "Physical Education and Physical Activity: Results From the School Health Policies and Programs Study 2006."*J School Health.* 77(8): 453

4 Centers for Disease Control and Prevention 2015 "Results from the School Health Policies and Practices Study 2014 " Atlanta, GA.：44

5 Ruth H. Alexander 1997 "The Legality of High School Athletic Fees" The Society for the Study of the Legal Aspects of Sport and Physical Activity,p120, JLAS, 7(2) 1997,

30
20

6 Geoff Kimmerly 2023.7.27 "MHSAA Survey Shows Lower Rate of `Pay-to-Play' Fees Continued as Participation Rose in 2022-23" https://www.mhsaa.com/topics/mhsaa-news/mhsaa-survey-shows-lower-rate-pay-play-fees-continued-participation-rose-2022-23

7 C.E. Forsythe 1962 "Administration of High School Athletics Fourth Edition" Prentice Hall.

8 C E. Forsythe and I. A. Keller 1977 "Administration of High School Athletics Sixth Edition" Prentice Hall.

9 I.A. Keller and C. E. Forsythe 1984 "Administration of High School Athletics Seventh Edition" Prentice Hall.

10 Paulson v. Minidoka County School District No. 331, 93 Idaho 469, 463 P.2d 935 (Idaho 1970)

11 BOND v. ANN ARBOR SCHOOL DISTRICT, Calendar No. 5, Docket No. 52,567.

12 Attorney General v. East Jackson Public Schools, 143 Mich. App. 634, 372 N.W.2d 638 (Mich. Ct. App. 1985)

13 HARTZELL v. CONNELL (1982), Civ. 62869.November 04, 1982, Court of Appeal, Second District, Division 3, California.

14 R. H. Alexander 1997 "The Legality of High School Athletic Fees" The Society for the Study of the Legal Aspects of Sport and Physical Activity,p120, JLAS, 7(2) 1997

15 A.A.Eyler, E. Piekarz-Porter, N.H. Serrano 2019 "Pay to Play? State Laws Related to High School Sports Participation Fees." J Public Health Manag Pract. May/Jun;25(3)

16 前掲書

17 C.S. Mott Children's Hospital University of Michigan Health 2012 "Pay-to-Play Sports Keeping Lower-Income Kids Out of the Game",Volume15, Issue3

18 Zdroik J, Veliz P 2016 "The Influence of Pay-To-Play Fees on Participation in Interscholastic Sports: A

19 School-Level Analysis of Michigan's Public Schools." J Phys Act Health. 2016 Dec;13(12):1317-1324
20 A.A.Eyler, C.Valko, N.Serrano 2018 "Perspectives on High school "Pay to Play" Sports Fee policies: A Qualitative Study" ACSM, Vol3, 19
21 学区内における運動部機会格差については、「貧困と運動部活動――米国より」、『体育科教育』2021（12）で学区間格差、「課外活動の機会格差」、『体育科教育』2022（7）、ニューヨーク市学区における事例をレポートしている。
22 State of Michigan, School Year 2021-2022 Free Reduced Percentage by School https://www.michigan.gov/mde/-/media/Project/Websites/mde/ohns/School-Nutrition-Programs/Data/F-R-percentage-for-SY-21-22.pdf?rev=b6db04ebdb414162841078d7cacc13f2&hash=FA136896CBE4251F117E228CE29B8471
23 ロバート・D・パットナム 2017『われらの子ども――米国における機会格差の拡大』創元社
24 Eyler AA, Valko C, Serrano N. Perspectives on High School 2018 "Pay to Play" Sports Fee Policies: A Qualitative Study." Transl J Am Coll Sports Med. 2018 Oct;3(19):152-157
C. Meier 2023.8.31 "Farmington Public Schools eliminates sports participation fees" C & G Publishing.

第7章

ブースタークラブを通じた寄付と資金集め

第5章では、ブースタークラブが資金を調達することで、運動部休止の危機を脱しようとしているケースをレポートした。また、第6章の冒頭で、運動部が外部から資金を調達しようとするときに、最も頻繁に使われているのは、ファンドレイジングであるというデータも取り上げた。ファンドレイジングとは資金の調達であり、学校運動部では、ブースタークラブによって行われていることが多い。ここでは、ブースタークラブとはどのようなものなのかをレポートする。

ブースタークラブとは何か

ブースターという言葉は押し上げる、後押しするという意味を持つ。一九一〇年代には、何らかの形で運動部を支援するブースターが存在していた[1]。現在は保護者によって構成されていることが多いが、地域住民や卒業生を含むこともある。
各州の高校体育協会が加盟するＮＦＨＳは、ブースタークラブを次のように説明している[2]。

「ブースタークラブは、スポーツチームや団体の努力を支援するために結成された組織」

「ブースタークラブは、コーチが必要とするもの、あるいはコーチが求めているものをサポートする。ボランティア、金銭的な寄付、あるいは選手のための食事などを提供する。多くの場合、学校の予算ではカバーできないような項目をカバーする。チームや団体のパフォーマンスをより向上させるために、ボランティアとして時間を割いたり、資金を集めたり、お金を拠出したりするなど、さまざまな形で支援する。ブースタークラブは、学校活動を支援する上で重要な役割を果たしている」

ここに書かれているように、ブースタークラブはボランティアとしてサポートしたり、ブースタークラブの会員が自分のポケットからお金を出して寄付したりする以外に、ブースタークラブの会員以外からお金を集めることも行っており、ファンドレイジング（資金調達）のイベント等を企画・実行している。公立校での義務教育課程において私的な経済支援がなされていることを意味するが、アメリカでは珍しいことではなく、むしろ一般的といえるだろう[3]。
運動部は、ブースタークラブによる金銭的支援によって、必要な活動資金を補うことができる。しかし、ブースタークラブによる支援が公立学校の教育内容に影響を及ぼす危険が全くないとは言い切れない。ブースタークラブなどが経済的支援をすることによって、その見返りとして、運動部のあり方や運営に注文をつけてくるリスクがあるからだ。そこで、NFHSではブースタークラブの目的とともに、やってはいけないことを大枠で示している[4]。

「ブースタークラブは次のことを行ってはいけない。ヘッドコーチやコーチングスタッフの業績について公然と議論したり、業績を批評したりすること。コーチらのスタッフの評価は、もっぱら学区の責任である。プレー時間の問題について公然と話し合うこと。ヘッドコーチやスタッフの雇用や解雇をコントロールするために、お金を支払うこと。コーチの雇用／解雇について、ブースタークラブ会員が嘆願すること。ブースタークラブの定義や機能と一致しないことについて話し合うこと」

ブースタークラブが、コーチ人事やコーチの評価に口を出したり、学区や学校に代わってコーチ人事をコントロールしたりしようとすることを禁じていることがわかる。また、選手起用やプレー時間などについて介入することや、これらをコントロールしようとすることも禁じられている。一九〇〇年代から三〇年代にかけて、運動部を学校の管理下に入れる過程で、コーチ（教員）の報酬は学区教育委員会が支払うことにした学区が多くなった。コーチに関する人事権は学校が持ち、外部に干渉させないという方針は一貫していることがわかる。このようにNFHSはブースタークラブに関しても大枠は示しているが、州の高校体育協会でもブースタークラブのガイドラインを示しており、加盟校のブースタークラブはこれに準じて活動しなければならない。

たとえば、テキサス州の中学・高校の体育協会であるＵＩＬ[5]（University Interscholastic League：以下ＵＩＬ）では、次のようなガイドラインを示している。

「近隣のパトロンは、学校の課外活動への参加を充実させるためにブースタークラブを結成する。ブースタークラブの資金調達の役割は、今日の経済情勢において特に重要である」

ＵＩＬでも、ブースタークラブにはコーチ人事に関する権限はないとしている。これに加えて、ブースタークラブは、その活動について学区の教育長または指名された人物から承認を得る必要があるが、この承認を与える人がコーチであってはいけないとしている。コーチ自らが有利となるようにブースタークラブと癒着することも防ごうとしている。

また、ブースタークラブが集めたお金の使途については次のようなガイドラインを示している。

「現金またはその他の貴重な対価は、学校の裁量で使用できるように渡さなければならない」

ブースタークラブがお金の使い道を指定することはできない。さらにブースタークラブがコーチに渡せるものはどのようなものなのか、金額としてはいくらなのか、などが示されている。

「コーチは、ブースタークラブにウィッシュリスト（購入希望リスト）を提出する前に、事前に学校管理部の承認を得る必要がある」

「UーLのアカデミック、運動部、美術・芸術部のコーチおよびディレクターは、コーチング、監督に対する謝礼として、金銭、製品、サービスなど、いかなるものからも五〇〇ドルを超えて受領することはできない。五〇〇ドルの制限は暦年の累積であり、特定の贈答品に限定されるものではない」

「ブースターからの資金は学校の活動を支援するために使用される。学校以外の活動に資金を提供することは、UーLの規則に違反する」

テキサス州内の各学区や各学校のブースタークラブの規則はURLのガイドラインに準じると書いてあるだけのものから、詳細を明文化しているものまでさまざまである。例えば、テキサス州のフリスコ独立学区では書面でブースタークラブについての規則を示している[6]。まず、ブースタークラブを設立できる条件とは何かから始まり、各ブースタークラブは年間総収入にもとづき、アメリカ内国歳入庁（日本の国税庁にあたる）に申告書を提出することなど、お金の扱いに関する規則を定めている。このほかには、会長、副会長、会計といった役職の仕事の内容と選出方法が書かれている。活動そのものの規則はＵＩＬのガイドラインに準じるとしている。

運営の形態

学校のすべての運動部を支援するブースタークラブと、各運動部を支援するために運動部ごとにブースタークラブを持っているケースがある。全運動部を支援するブースタークラブをひとつだけ持つ学校と、各運動部にそれぞれのブースタークラブがある学校のどちらが良いのだろうか。ＮＦＨＳでは、それぞれに長所と短所があるとしている[7]。

すべての運動部を支援するブースタークラブ

「コミュニケーション面で有利である。課外活動の管理者は、一つのブースタークラブの理事会と一つのミーティングに対応するだけでよい。一つだけのブースタークラブはすべての競技のために資金を調達する方法で活動する。集めた資金は分配され、すべての運動部をできるだけ公平に支援することができる。小規模校ではうまく機能するだろう。欠点のひとつは、コミットメントである。もし、ブースタークラブがアメリカンフットボール部をサポートするために募金活動をすると決めた場合、サッカー部の生徒の保護者はその募金活動にあまり協力的ではないかもしれない。また、資金を公平に分配するプロセスが必要になる。このほかの欠点は、ブースタークラブが機能不全に陥った場合、保護者に他の選択肢がなくなることである」

各運動部がそれぞれにブースタークラブを持つ

「複数のブースタークラブがある学校にはいくつかの利点がある。保護者は自分の子どもが参加している運動部のブースタークラブを支援しているため、コミットメントが強くなる傾向がある。また、もうひとつの利点は、大きな物品をより早く購入できることだ。たとえば、アメリカンフットボール部の練習用具を購入する場合、集まった資金はすべてその品目に充てることができるからである。複数のブースタークラブの欠点は、ミーティングの回数が多いことだ。課外活動の管理者はそれぞれのグループと関係を築く必要があり、共通の利益に気を配らなければいけない」

学校でひとつのブースタークラブ

学校でブースタークラブをひとつに持っている場合、どのように分配しているか。メリーランド州モンゴメリー郡公立学区のウォルター・ジョンソン高校のケースを取り上げる。この高校のブースタークラブは、運動部だけでなく、全ての課外活動を支援するブースタークラブであり、資金調達のための物品セールを行っている。各課外活動への分配については、この高校の新聞部が、ブースタークラブの役員に取材して記事にまとめている[8]。二〇一二年の少し古い記事だが、ここから抜粋したい。

「ブースタークラブのクリスタコスさんによると、資金調達のリクエストを受けたブースタークラブの理事会のメンバーは、資金がどのように使用されるのか、その資金の使途が費用対効果に優れているのかどうかなど、いくつかの要素を考慮する。ブースタークラブが考慮する他の大きな要素には、恩恵を受ける生徒の数や、購入した施設・用具・資材の再利用可能性などである。クリスタコスさんは『男子と同じように女子にもメリットがあるようにしたい』と言う。資金の分配方法を決定するために、ブースタークラブの会議で、運動部の代表者らにその資金を必要とする理由をプレゼンテーションしてもらう。運動部の場合、通常はコーチかチームコミッショナーがチームを代表して出席する。クラブの場合は、生徒に会議に出席してもらいたいとクリスタコスさんは言う」

資金を求める運動部やクラブの代表者がブースタークラブの会議でプレゼンテーションをするというのは興味深い。また、タイトルⅨにもとづいて、ブースタークラブによる支援も性別によって差が出ないように考慮されているようだ。

うまくいっているブースタークラブの特徴

ブースタークラブの運営には、お金さえ出せばよいというものではなく、お金を集める力、管理するための労力も必要になる。日本ではＰＴＡでの保護者の負担の大きさが指摘されているが、似ているところもあるといえるのではないか。ブースタークラブの運営についてもちょっとした愚痴や小さないざこざはつきものだが、うまくいっているのはどのようなブースタークラブなのだろうか。

アイダホ州の三八校を対象に、成功しているブースタークラブとは、どのようなものかを調査した研究がある[9]。

・成功しているブースタークラブは、強力で一貫したリーダーシップを持っていた。
・運動部員の保護者だけでなく、地域社会もブースタークラブの取り組みを支援していた。
・ブースタークラブの運営に関するガイドラインを明文化していた。
・積極的で効果的な資金調達プログラムを行っていた。
・定期的な会員集会を開催していた。
・選挙で選ばれたブースタークラブ役員がおり、活動的な会長がリーダーシップを発揮した。
・会員に情報を提供し、ブースタークラブの活動への参加を奨励するために、定期的に会員総会を開催していた。
・将来のブースタークラブ役員やリーダーのための研修を行っている。
・高校の管理職と協力関係を築いている。
・ブースタークラブの資金を分配するシステムを確立している。

・ブースタークラブの資金を保護するために財務管理している。

調査対象となったブースタークラブのなかには、会計が杜撰であったところや、学校がブースタークラブを実質的に運営しているところがあったという。また、ブースタークラブの役員が不在であったり、選挙で選出されていない役員によって運営されたりしている場合は、うまくいっていないようだ。

資金調達の実態

ブースタークラブは、さまざまな方法で資金調達をする。まず、ブースタークラブの会員からお金を集めてこれを運動部活動費に充てる。ブースタークラブがシーズンチケットなどの名目で試合の入場券を販売する。ブースタークラブが物品販売やサービスの提供を行う。この物品の販売はバザーのほかに、企業とパートナーシップを結んでの物品の販売による利益、洗車サービスなど労力の提供に対するお礼料を含む。このほかに、ブースタークラブが企業スポンサーを募ることがある。

私の息子の高校のサッカー部のブースタークラブは、会費として会員である保護者から一〇〇ドルを集め、このほかにホームでの公式戦における軽食・飲料の販売、ブースタークラブと部員とによる洗車サービスを主な収入源としていた。ブースタークラブとして支援していたのは、部員の練習用シャツ二枚の配布と、正式なチーム編成後にサッカー部員同士が親睦を深めるために近くのキャンプ施設に一泊をするための費用だ。

私も何度か売店での飲食品販売を行ったが、学生時代の模擬店のような楽しさがあった。業務用スーパーで食料品を仕入れて、それを温めて提供する。売店で飲食品販売を担っていても、自分の子どもが出場する試合を観戦できるように、バーシティーの試合時間は、ジュニアバーシティーの保護者が担当し、ジュニアバーシティーの試合時間はバーシティーの保護者が担当した。この飲食品販売スペースはアメリカンフットボール部など他の運動部と共有していたので、仕入れたものには、サッカー部やアメリカンフットボール部と油性ペンで大きく名前を書いて冷蔵庫やパントリーで保管した。観客の多いアメリカンフットボール部はユニフォームなどのグッズ販売も行っていた。

また、対戦相手校には、豪華な飲食販売施設を持っているところもあった。たいていはピザ、ホットドッグ、ジュース、水、キャンディー、チョコレート、ポップコーンなどを売るのだが、この学校では、多くのグリルを持ち、ハンバーガーやポークサンドイッチを売っていた。グリルのある売店では、どちらかというと母親ではなく、父親らしき人の姿が目立った。地元の報道によると、これらの売り上げは数万ドル（日本円で数百万）に達しており、学校の運動部に必要な施設の購入に充てることができると伝えている[10]。

私の息子は同じ学校のアイスホッケー部でもプレーしたが、このブースタークラブは、ファンドレイジングのイベントを行った。近隣のボウリング場が、ファンドレイジング目的の団体には、定価より安い使用料で貸してくれるので、ここでボウリングパーティーを開いた（ボウリング場にとっては団体客と同程度の人数を呼び込むことになるので、定価より安くても、それほど損はしない）。参加者にはボウリング場の定額料金で参加してもらい、その差額をブースタークラブの収入とする。さらに、富くじの要素を取り入れたくじの販売を行った。参加者に番号の入ったくじを購入してもらい、当選者には、ブースタークラブ側で用意した賞品を持ち帰ってもらえるようにする。くじの販売額が当選賞品を揃えるのに必要な費用を上回るようにすることで、この差額がアイスホッケー部の収入となる。この商品はブースタークラブがお金を出して購入するだけでなく、地元企業から商品を寄付してもらったり、地元商店からそのお店で使えるギフトカードを寄付してもらったりする。地元商店にとっては、ギフトカードを当てた人がこのお店で買い物をすることで、新規の顧客獲得につながる可能性もある。アイスホッケー経験者が経営する理髪店からギフトカードを寄付してもらった。そのお礼の意味もあり、息子たちはこの理髪店で髪を切っていた。

売店

　アメリカの学校でブースタークラブと呼ばれるものは二万から二万五〇〇〇程度あるといわれているから、会費を徴収しているか、会費としてどのくらいの金額を集めているかも、ブースタークラブの数だけ違うだろう。会員から一律で一〇〇ドル集めたり、数十ドルを集めたりしているところもあれば、さまざまな特典をつけて一〇〇〇ドルのブースター会員権を販売しているところもある。

ブースタークラブによるメンバーシップ販売とは

カリフォルニア州にあるキャンポーリンドー高校には、キャンポーリンドー運動部ブースタークラブという組織があり、この高校にあるすべての運動部活動を支援している[11]。ブースタークラブそのものがウェブサイトを持っていて、ここでブースターのメンバーシップを販売している。会員の種類は四種類あり、最高額のプラチナ会員の会費は年に一〇〇〇ドル、ゴールド会員の会費は年五〇〇ドル、シルバー会員の会費は年三〇〇ドル、家族会員は年一〇〇ドル、個人会員は五〇ドルである。一般的には、生徒の保護者が年に一〇〇ドルまたは五〇ドルの会費を支払っているだろうが、さらに支援をしたい人にはプラチナ、ゴールド、シルバーのメンバーシップを購入しているのだろう。

メンバーシップの主な特典は、試合の入場券、この学校運動部のグッズ、NFHSで試合のライブストリーミングがあるときには視聴料無料でみることができるというもので、見返りのある寄付と分類できるだろう。プラチナ会員は試合の入場券が「5」、ゴールド会員は「4」、シルバー会員は「3」、家族会員は「2」、個人会員は「1」もらえ、入場券は「1」につき、入場券二枚分である。この入場券によって、キャンポーリンドー運動部のレギュラーシーズンのホームの試合を無料で観戦することができる。ちょっと、ケチくさい計算をすると、もしも、この高校の運動部に入っている子どもが二人いて、それぞれの子どもの一シーズンでのホームゲーム（仮に試合数を一五と仮定し、入場料を七ドルとすると）を両親、祖父母、友人の計五名で観戦した場合には、一五（試合数）×七（入場券料）×五（観戦者の人数）×二（運動部に入っている子どもの数）＝一〇五〇ドルとなる。そうであれば、一〇〇〇ドルのプラチナ会員になることは決して高くはないといえるだろう。先に述べたように野球帽、マグカップ、ブランケットなど学校のロゴが入ったグッズがついてきて、プラチナ会員とゴールド会員は体育館に名前が出る。

ブースタークラブのホームページによると、二〇二三‐二四年度に、このような会費を払って会員となっている人は三七八世帯あり、プラチナ会員は一〇家族（そのうち一件は匿名）、ゴールド会員は四一家族（そのうち二件は匿名）だった。この高校の二〇二二‐二三年度の全校生徒数は九年生から一二年生までの四学年で一三二六人であり、運動部数は二四ある。

こういったメンバーシップを販売したり、寄付を募ったりするには、ブースタークラブがどのような理念のもとに、どのような活動を行っているのかを示す必要がある。建前かもしれないが、理念に賛同して会員権を買ってもらったり、寄付をしてもらったりしなければいけない。それは、お金を払っているからという理由で寄付者が運動部の運営に干渉しようとするのを防ぐためでもある。

この高校のブースタークラブの活動理念は次のようなものだ。

「キャンポーリンドー運動部のブースターズは、キャンポーリンドー高校の選手、運動部、コーチ、そしてコミュニティ全体を支援しています。私たちのゴールは、公平性、スポーツマンシップ、健全な競争文化の促進、キャンポーリンドー運動部の卓越性の伝統を維持するのを助けることです。運動部のブースターの会員になることは、コミュニティがこの運動部をサポートする主な方法のひとつです。運動部ブースターへの寄付は、様々な分野を支える資金となります。施設（体育館、フィールド、プール、ウェイトルームなど）、共有設備（スコアボード、照明、ベンチなど）、各運動部への直接助成金、ライブストリーミング中継のコスト（スタジアム、体育館、プール、球技場など）、リーダーシップ、文化、スポーツマンシップのトレーニング（選手、コーチ向け）」

このブースタークラブの収支を見ると、最大の収入源は会費である。二〇二二－二三年度は会費だけで計六万六二八八ドルを集めており、次いでファンドレイジングのイベントが二万八一五一ドルとなっている。

このブースタークラブは、会議のアジェンダや予算や実際の収支もホームページで公開している。会議はもちろんのことだが、書面にまとめて公開していく作業をするのには、時間も労力も必要になる。この高校のある学区は裕福な世帯の多い地域にあり、経済的、時間の余裕があり、ブースタークラブを運営できるだけの保護者たちの存在が大きいのではないか。第6章で見たように、カリフォルニア州では、義務教育年代の公立の学校で課外活動の参加費を徴収することを認めていないが、実際にはブースタークラブからの寄付によって十分な施設とトレーニング、また、アスレチックトレーナーという安全面の配慮がなされているケースといえるだろう。

入場券と駐車券を組み合わせているものもある。ノースカロライナ州にあるウィリアム・A・ハフ高校でも、カリフォルニア州のキャンポーリンドー高と同様にブースタークラブが会員を集めて、その会費をブースタークラブの財源にし、運動部を支援している[12]。このブースタークラブも高校の全運動部を支援するもので、会費そのものは三五ドルである。

ブースタークラブは次のような入場券と駐車券を販売している。生徒向けのシーズンパスは年間八八ドルで、但し書きに二〇二三 - 二四年に八試合を観戦すれば元が取れると書かれている。大人向け個人のシーズンパスは一五三ドル、家族パスでは大人二人、生徒二人分で計三七八ドルとなっている。このほかに、アメリカンフットボール部の入場券に限定しているもので、駐車場付きのシーズンチケットもあり、生徒向けが一六三ドル、大人向け個人パスが二二八ドル、家族パス（大人二人、生徒二人）は四四八ドルとなっている。アメリカンフットボール部の試合は、他の試合に比べて観客数が多い。対戦相手がライバル校の場合はなおさらだ。学校の駐車スペースも満車になりやすいことから、駐車料金つきのチケットを購入していれば、優先的に駐車できるということだろう。

私の手元にはオハイオ州グレンオーク高校の一九八一年のブースタークラブが発行しているアメリカンフットボール部のプログラムがある（写真1）。会費の金額によって四段階にわけてパトロンと

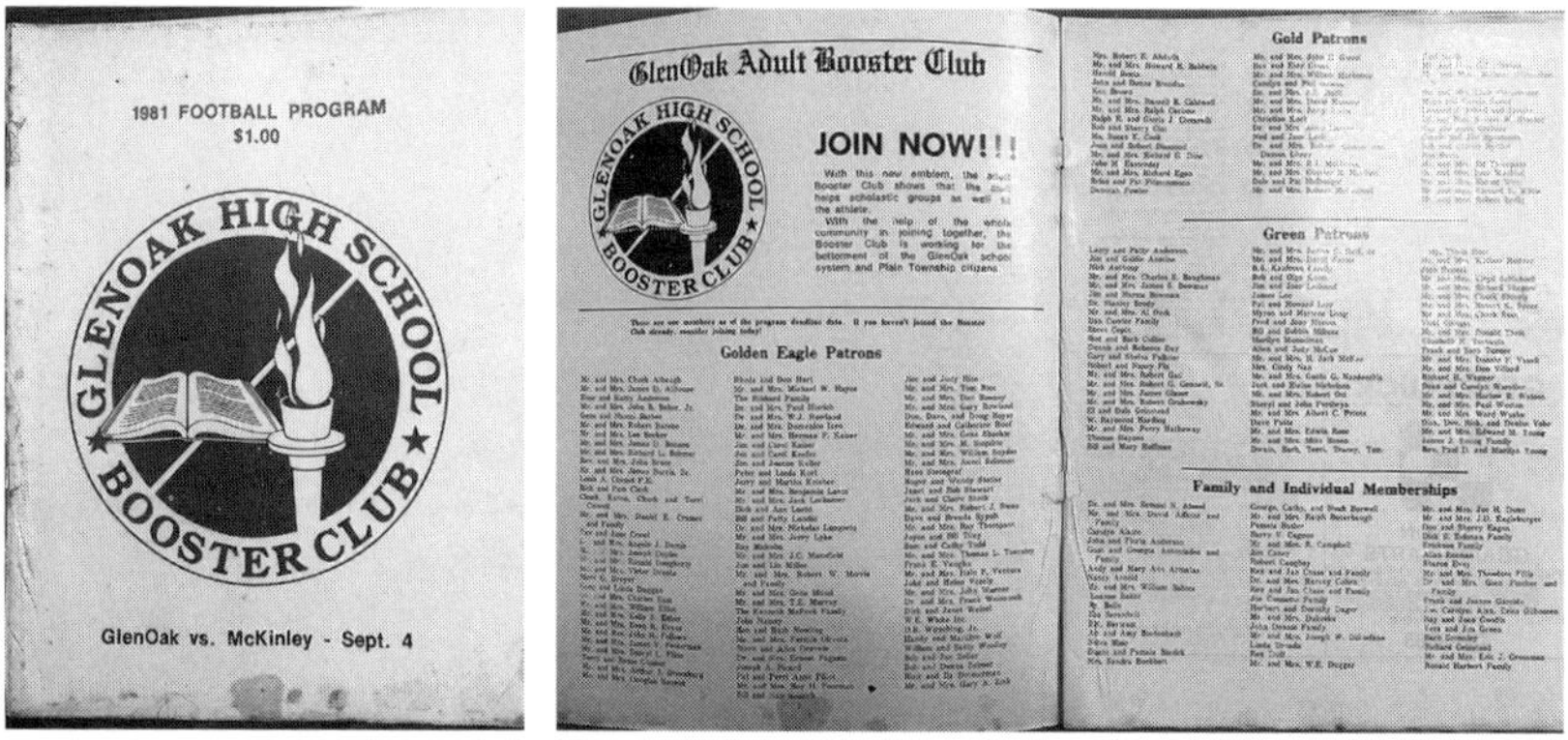

写真1　プログラム

なっている人たちの名前一覧を掲載している。このほかに、このブースタークラブを支援する地元の企業や商店の広告がおよそ四〇ページにわたって掲載されている。すでに四〇年前には、一定金額の会費よりも高い会費を払ってもらい「ゴールド・パトロン」などとして、謝意の意味あいで名前を出すことが行われていたといえる。

企業との提携による物品販売

企業と提携して財源調達する方法として、企業の商品の販売を代行すると、代金の一部がブースタークラブなど、販売の主催者の手元に入るというものもある。例えば、鉢植えの花を販売すると、売り上げの五〇%がチームに入るというものや、クッキー生地を販売すると、最大で売り上げの五五%がチームに入るというもの。大型商品でいえば、ベッドのマットレスを販売することもある（写真2）。これらはたいてい数日間のファンドレイジングのイベントを開催し、その期間に商品を買ってもらうことになる。

また、ギフトカードを売ることもある。運動部は、例えば、小売店やレストランから、二〇ドル分のギフトカードを一八ドルで購入する。それを二〇ドルで他の人に買ってもらう。お店側はギフトカードの一割に相当する二ドルをチームに寄付していることになる。しかし、二〇ドルちょうどの買い物は難しいので、ギフトカードを上回る料金を支払う人も多くいるだろうから、あまり損はしないといわれている。

写真２　マットレス販売の告知

前述したギフトカードとやや似ているといえるが、特定のスーパーマーケットやオンラインストアで買い物をすると、代金の数パーセントが自分の支援するブースタークラブ等に入るものもある。電子マネーやキャッシュレス清算が発達していない時代は、カードを発行してもらい、そのカードをポイントカードのように使っていたが、今ではスマートフォンのアプリと連携させることができている。買い物すると、わずかだけれど、ごく一部がキャッシュバックされるというのは日本の「オンラインベルマーク」に近い[13]。

ファンドレイジングのイベントは運動部だけではない

入場券販売やホーム戦での売店での販売は運動部やいわゆる文化部のブースタークラブ特有のものといえるだろうが、企業とパートナーシップを結び、商品を売ることで代金の一部を受け取ることは、学校のPTA活動でも取り入れられている。コンピューターやソフトウェアの購入のために、企業とのパートナーシップによって財源調達をすることがある。私が息子の通う公立小学校のPTAで経験した物品販売は、学校でのブックフェアである。これは、子ども用の本を多く出版している出版社とのパートナーシップだ。保護者と教員の懇談会の日に、学校内の一室に出版社から届けられた本を並べて販売する。売り上げの二五％がPTAの収入となる。いわば、書店に代わって、PTAが代わって販売しており、本来ならば、書店の利益となる分をPTAが受け取っていることになる。

また、小学校のPTAがゲームセンターのようなところと提携して、ゲームセンターの二〇ドルの入場券を買うと五ドルが学校に還元されるというものもあった。

代理販売は運動部の商業化か

こういった「販売代理型イベント」、「売り上げ還元イベント」は商品を購入する側も、ファンドレイジングのイベントであるから、子どもたちのためになるという口実で、本来は必要でないものも購入したり、イベントに参加したりすることがある。売り上げの一部を学校や運動部に還元するよりも、直接的に寄付をするほうが、子どもたちの活動を支援することができるはずなのに、商品やサービスを購入することで、企業の販売戦略にのせられているのではないかと、私自身は思うこともあった。

ブースタークラブと不正

運動部への資金調達を主な目的としているブースタークラブはガイドラインや規則によって、運動部のコーチ人事の介入や選手起用について口出しをしないように制限されているが、ときには規則が破られることがある。

ワシントン州ベルビュー学区の労使協定では、課外活動の指導者報酬の最高額は五六〇〇ドルと規定されていたにもかかわらず、高校アメリカンフットボール部のヘッドコーチはその一〇倍近い五万五〇〇〇ドルを受け取っていた。ブースタークラブが学区で規定された報酬の一〇倍の金銭を、コーチに渡していたからである。

ワシントン州の高校体育協会（ＷＩＡＡ）がこれを問題視し、二〇〇八年にはコーチ側が五〇〇ドル以上の金銭を受け取る場合は、学区教育委員会の承認が必要という規則を追加した。前述したように、テキサス州の高校体育協会であるＵＩＬでは五〇〇ドルまでは謝意を表すために謝金として渡すことが認められているが、それ以上の謝金は認めていない。ワシントン州の高校体育協会では、五〇〇ドル以上の金銭の受け取りは学区教育委員会の承認が必要としているが、必ずしも、五〇〇ドル以上の謝金の受け取りを禁じておらず、学区教育委員会が認めれば可能になる。学区教育委員会が妥当と判断するかどうかに委ねているといえるだろう。

さらに、この学区では、二〇〇二年から一二年までに合計で約五九万ドルがアメリカンフットボール部のコーチ陣に支払われていたことも明らかになった。学区教育委員会とＷＩＡＡが第三者機関に調査を依頼し、地元メディアのSportspressNW.com[14]は、次のような不正が明らかになったとしている。

ブースタークラブからコーチへの謝金は、学区教育委員会が了承すれば規則違反ではないが、このアメリカンフットボール部は、すべての収支を学区教育委員会に公開していなかった。このほかにも、選手のリクルートが不正な方法で行われていたり、住所を偽っての越境通学などが行われたりしていた。そして、これらの不正のための資金としてブースタークラブからのお金が充てられていたとされている。このアメリカンフットボール部は、一六年の間に、州大会で一一回優勝しており、ヘッドコーチは高く評価されていた。不正の調査をするために、聞き取り調査が行われていたが、地域社会からの報復を恐れて匿名で調査に協力した人もいたようだ。

ベルビュー高アメリカンフットボール部のブースタークラブとコーチによる不正は、学区内に住めるようにとお金を受け取った生徒の父親が告発したことから明るみになった。州の高校体育協会は民間の非営利組織であり、学校間の試合がフェアに行われるようにルールを決める組織にすぎない。ルールを決める組織として、ブースタークラブのガイドラインを示していても、ひとつひとつの加盟校の運動部が規則の範囲内で運営しているかを調査することはできない。運営のルールは、それぞれの学区、学校、運動部が自主的に守ることを前提にして作られている。違反していたときには、対戦相手校や内部からの告発や自己申告があって、調査がはじまることがほとんどだ。ベルビュー高校のケースはアメリカンフットボール部だけでなく、ベルビュー学区も黙認していたのではないかといわれている。

また、テネシー州のブラックマン高校アメリカンフットボール部のブースタークラブでも不正があり、ここでは、州の会計監査官が調査を行った。テネシー州の中等教育体育協会では、「コーチの給与は、教育委員会、学校管理委員会、学校長のいずれかによって承認された資金から全額支払われなければならない」と規定されており、二〇一一年五月にブラックマン高校を運営・管理するラザフォード教育委員会もコーチへの給与とすべての補助金は学区の給与システムを通じて支払うことと確認していた。しかし、二〇一一年六月から二〇一五年三月までの間に、ブースタークラブがアメリカンフットボール部のコーチに対して九万六四一五ドル六九セントを支払っていた。

このほかにもブースタークラブのお金を、ブースタークラブの運営に携わる人が着服しているケースが報告されている。こちらはテキサス州ウエザーフォードの地元紙が、テキサス州内でのブースタークラブの不正について二〇一四年九月三〇日に報じたものだ[15]。

・二〇〇九年、テキサス州キリーン近郊のシューメイカー・アスレチック・ブースタークラブでは九〇〇〇ドルがなくなっていることが発覚し、会計担当者が逮捕された。
・二〇一一年、ウェスト・アスレチック・ブースタークラブの元会計係が、五〇〇〇ドル以上を盗んだ。
・二〇一三年、クロウリー高校チアリーディン部のブースタークラブの元会長が逮捕され、このブースタークラブに関連したクレジットカードの不正使用で告発された。
・二〇一四年にボーモントで、FBIがウェスト・ブルック高校ブースタークラブの元会長ボー・ケリーの調査をした。地元放送局KBMTによると、ケリーはブースタークラブの資金三万ドルを盗んだことを認めた。ケリーは金を返済した。

こういった不正が起こることはあるが、ブースタークラブをなくそうという議論はほとんど見受けられない。学区教育予算だけでは、運動部活動ができない場合は、縮小や廃部に直面することから、ブースタークラブによる金銭的支援を当たり前のこととして受け入れているからだろう。また、ブースタークラブを通じて支援をしたい保護者たちがいるのではないかと思う。

セルフファンディングとは何か

必ずしも、その運動部のブースタークラブが資金調達しているとは限らないが、学区から活動資金を得られず、全ての活動費用を自己調達している運動部がある[16]。

私の住むミシガン州のW高校のラクロス部は、学区教育委員会から全く予算を受け取っておらず、自分たちで資金を調達している。このW高校以外にも、近隣のWS高校の乗馬部、アイスホッケー部、ボウリング部なども、自分たちで資金を調達するスタイルで運営している。これらは、他の種目に比べて用具や設備にお金がかかる種目ともいえる。私の次男は同じミシガン州内の公立校でアイスホッケー部に加入していいたが、このアイスホッケー部も部分的に自分たちで資金を調達する方式だった。ただし、自分たちで資金を調達しているといっても、生徒がやっているのではなく、保護者が中心となっていることが多い。W高校ラクロス部で、資金の調達・管理を行う人に二〇二三年四月に話を聞かせてもらったので、それを紹介したい。

「私たちのラクロス部では参加費を集めている。二シーズン目以降の選手の参加費は五〇〇ドルで、初めてチームに入る選手の参加費は三六〇ドルだ。運営に必要な費用は、コーチ報酬、審判費、ボールやネットなどの用具費、そしてユニフォーム費で、学校にもグラウンドの使用料を払っている」

ここまで見てきたように、コーチの報酬だけは学区から支払われていることが一般的で、ブースタークラブからコーチへお金が支払われることを禁じたり、制限をつけたりしていることが多かった。しかし、このセルフファンディングのラクロス部はコーチ報酬の支払いも、自分たちで資金調達したお金から支払っていた。このラクロス部は、セルフファンディングとはいえ、生徒からの参加費が主な財源になっているとのことだった。

しかし、この参加費の金額をできるだけ抑えるように努力し、支払えない子どもには「奨学金」として、参加費が無料か減免できるようにもしていた。そのためにさまざまな方法で資金集めをしている。

そのひとつが、ラッフルチケットというもので、この章の前半で説明した富くじのことである。参加費を受けとると、生徒に二〇〇ドル分のラッフルチケットを手渡す。生徒は二〇〇ドル分の富くじを支援者に購入してもらう。受け取った二〇〇ドルのうちの半分はラクロス部の資金とし、もう半分が富くじの当選金になる。選手である生徒が二〇〇ドル分のくじを支援者に買ってもらうことができれば、参加費として五〇〇ドルを支払っていても、個人の実質的な負担は減る。

この他の資金調達については「いろいろなファンドレイジングをしていて、ボウリング、カードゲーム大会の開催、試合中の飲食品販売、アパレルグッズの販売などをしてお金を集めている。部員が多いシーズンはひとりあたりの参加費を抑えることができるので、中学校にいって勧誘イベントをすることもある」と言う。

セルフファンディングで運営している運動部は、意思決定や実務に携わる人々が多くの役割を担っている。このW高校ラクロス部でリーダー役となっている人は、もともとは保護者として関わっていたが、自分の子どもが卒業後も資金調達や試合のスコアの記録といった役割を担っている。医療関連の仕事に就いているが、ラクロスのシーズン中は仕事のシフト回数を減らしているそうだ。仕事、家庭、ラクロス部の運営に忙しい。

どのようにタイムマネジメントしているのかと聞くと、「そのときどきに、最も緊急性があって、重要なことに対処するようにしている。大変なときもある。バランスを取っているかというと、取れていないと思う。私の夫が温かくない食事を食べていることによって、バランスを取っているといえるかもしれないし、時間があるときには仮眠することでバランスを取っているといえるかもしれない」と言う。

自分の子どもが卒業しても、運営を助けている理由については次のように話した。「私は子どもたちが好きで、スポーツが好き。コーチも好きだ。この世界をより良い場所にしたい。私たちは子どもたちにゲームのやり方を教えているけれど、本当に教えているのは、良い人間になる方法であり、対立を解決する方法だ。一年前には何も知らなかったような子どもが成長して変わっていくのを見るのは本当に楽しいし、わたしは彼らから多くのものを得ている」

セルフファンディングのラクロス部

■注・文献

1 R. Pruter 2013 "The Rise of American High School Sports and the Search for Control 1880-1930", Syracuse University Press：247

2 L. Myran-Schutte 2020.2.12 "Booster Clubs for High School Athletics: One vs. Multiple" https://www.nfhs.org/articles/booster-clubs-for-high-school-athletics-one-vs-multiple/

3 Zimmer, R., Krop, C., Kaganoff, T., Ross, K. E., & Brewer, D. J. 2001 Private giving to public schools and districts in Los Angeles County. Los Angeles, CA: Rand Research.

4 前掲2

5 University Interscholastic League, "Guidelines for Booster Clubs" https://www.uiltexas.org/policy/guidelines-for-booster-clubs

6 Frisco Independent School District, STUDENT SERVICES BOOSTER CLUB REQUIREMENTS AND OPERATIONAL GUIDELINES 2022-2023 https://www.friscoisd.org/docs/default-source/athletics/athletic-booster-clubs/booster_club_requirements_operational_guidelines.pdf

7 前掲2

8 C.Nguyen 2012.3.6 "Money Matters: Inside Booster Club Fund Distribution", The Pitch https://www.wjpitch.com/print/2012/03/06/money-matters-inside-booster-club-fund-distribution/

9 D. E. Risenmay 2015 The Practices and Characteristics of Athletic Booster Clubs in 2A and 3A High Schools in Southeastern Idaho, Doctor of Education in the Department of Educational Leadership Idaho State University

10 J.Colthorp 2013.10.3 "Concession Cuisine: Inside Athens High School's incredible game-night food" WDIV-TV https://www.clickondetroit.com/news/local/2023/10/13/concession-cuisine-inside-athens-high-schools-

incredible-game-night-food/
11 THE CAMPO ATHLETIC BOOSTERS https://www.campoathleticboosters.com/page/show/6431697-all-teams-all-athletes-oneteam
12 Hough Athletic Booster Club https://www.houghathleticboosterclub.org/
13 谷口輝世子 2023.2.2「部活で足りない財源をどう補うべきか 民間企業のスポンサーが珍しくない米国の実例」THE ANSWER. https://the-ans.jp/column/300272/2/
14 A.HARVEY 2016.4.27 "WIAA report lays much blame on Bellevue HS", SportspressNW.com https://www.sportspressnw.com/2217926/2016/wiaa-report-lays-much-blame-on-bellevue-hs#:~:text=A%202006%20investigation%20by%20Karin,Football%20Club%2C%20the%20team's%20booster
15 S.MILLER 2014.9.30 "Controversy, scandals nag high school booster clubs" Weatherford Democrat https://www.weatherforddemocrat.com/mineral-wells/controversy-scandals-nag-high-school-booster-clubs/article_20841c72-0909-5dc4-8838-8546d153de47.html
16 谷口輝世子 2023.8.1「廃部を独自のシステムで乗り越える部活運営 米国で存続のケースがある『自己資金型』の実例とは」THE ANSWER. https://the-ans.jp/column/345256/

第8章

スポンサー契約

第6章の冒頭で見たように、運動部の財源調達のために企業などとスポンサー契約を結んでいる学校が五七%というデータがある。運動部がスポンサー契約を結ぶのは、古くからあったようだが、“What's In It for Us? Rethinking Corporate Sponsorships in Interscholastic Athletics”[1]によると、一九八四年から一九九六年まで、企業が高校運動部のスポンサーとして支援する額は、毎年二桁以上の伸び率で、また、学校での活動を支援するスポンサーは一九九〇年から二〇〇〇年までに二四八%増加したという。このほかに、高校のアスレチックディレクターを対象に調査を行ったところ、企業のスポンサーを利用する高校の運動部の割合が、二〇〇〇年の五〇%から二〇〇四年には六一・五%に増加し、高額なスポンサーでは一社と一〇〇〇ドルから五〇〇〇ドルの契約をしていたというデータもある[2]。どうやら一九八〇年代半ばからから二〇〇〇年代にかけて、運動部のスポンサー契約は増えたようだ。

しかし、運動部だけが積極的にスポンサー契約を結んでいるのではない。一九九〇年代に入ってから、アメリカの公立の初等・中等教育そのものが公金以外の外部からのお金をより必要とするようになり、企業とスポンサー契約を結ぶようになった[3]。

学校に企業のお金が入るようになった最も有名なケースとして「チャンネルワン」がよく取り上げられている。一九八九年に学校内でチャンネルワンという一二分間の時事番組が放送されるようになったのだが、この時事番組を放送することと引き換えに、学校は五万ドル相当の機器を受け取ることができた。この番組そのものにも企業のコマーシャルが含まれており、児童・生徒は公教育を受けているのに、企業の広告を目にするようになった。このほかにも、飲料水メーカーが校内に自動販売機を設置すると、その引き換えとして売り上げの大半を学校に渡したり、補助金を出したりするようになった[4]。もしかしたら、公立の初等・中等教育に企業のお金が入るようになったことと、運動部がスポンサー契約することがつながっているのかもしれない。

スポーツと企業のスポンサー契約という点からみると、一九八四年には商業五輪の原点といわれるロサンゼルスオリンピックが開催されている。スポンサーを一業種一社に限定して競争原理をはたらかせ、五輪マークの使用を独占的に認めるなどし、テレビ局からは高い放映権料を獲得して、大会は二億ドルを超える黒字となった[5]。スポーツ界も、スポンサーとなる企業側もスポーツとスポンサーとの組み合わせ効果の大きさを改めて認識した。この動きが、高校運動部と企業のスポンサー契約に関しても、何らかの影響があったのかもしれない。

高校運動部のスポンサー企業の特徴

高校の運動部の観客は、学校での試合は、たいていは数百人で、アメリカンフットボール部の試合でも数千人である。プロや大学と比べて、観客動員数が桁違いに少ないが、より地域に密着しているといえる。第1章でも述べたが、いくつかの例外はあるとはいえ、その学区内に住んでいる子どもは、学区内の小学校、中学校を経て、日本のような高校入試を経ずに、そのまま学区内の高校へ進学するからだ。

高校運動部のスポンサー企業はどのような動機で契約を結んだのだろうか。

高校の州大会のスポンサーについて調べた"Sponsorship of interscholastic athletics: An examination of state high school athletic/activity association sponsors"[6]によると、高校の州大会のスポンサー企業は十代の生徒たちとの関係を構築したいと見返りを意識しているが、一般的なスポーツ大会のスポンサーに比べると、公共や地域への貢献を重要視しているという。

このほか、大学運動部、高校運動部、子どものスポーツの資金調達のガイドブック的な役割を持つ"Dynamic Methods for Schools, Universities and Youth Sport Organizations"[7]では、高校の運動部を支援するスポンサー企業側の動機には六種類あるとしている。

・慈善寄付　企業やビジネスが価値ある活動のために一定額の寄付を行うことで、税の控除が期待できる。
・戦略的フィランソロピー　企業としての事業目的と支援先である運動部のニーズを満たすことの両方をターゲットとする。
・自社の向上　企業の名前や評判は価値があるので、スポンサーは最終的にコミュニティ内での認知度を高めることに関心がある。
・学校とのつながり　スポンサーが卒業生であったり、その子どもや孫がその学校に通っていたりしている場合がある。
・分かりやすい広告　スポンサーの製品やサービスを宣伝し、売上や人の往来を増やす。
・競合他社に先んじる　学校運動部のスポンサーになることで、スポンサーの独占性を重視する。全体として、その製品カテゴリーで唯一のスポンサーでありたいと考え、競合他社より優位に立ちたいと考える。

スポンサーとなる企業には、他のスポーツのスポンサーになるのと同じように競合他社より優位に立つことやブランドの認知から売り上げ増加につなげるという一般的な動機を持っているが、スポンサー自身が卒業生である、自分の子どもや孫がその学校に通っている、親善や個人的な楽しみといった動機もある。高校の運動部のスポンサーは、自分の子どもが通っていたり、母校であったりして、心理的・物理的な距離の近さという特徴があるといえるのではないか。

スポンサー契約と広告の実態

アメリカの学校運動部と企業とのスポンサーは、大きく三つにわけることができる。州の高校体育協会と企業とのスポンサー契約と、各学校運動部やブースタークラブと企業とのスポンサー契約である。また、近隣校で編成するリーグのスポンサーになる企業もある。（写真1）

州の高校体育協会は、加盟する中学校や高校の学校間対抗の試合がフェアに行われるように規則を設けることと、州大会を主催することが主な役割である。したがってスポンサーとなる企業は州大会に広告を出し、州内の観客や、視聴者にアピールする機会を持つ。

各学校の運動部単位、ブースタークラブ単位で企業とスポンサー契約を結ぶときには、スポンサーとしてその学校の運動部を経済的に支援する代わりに、その企業は学校内のグラウンドや施設に広告を掲示してもらう。掲示された広告は、ホームでの公式戦に足を運ぶ観戦者やその施設を利用する学校の生徒の目に入るが、逆にいえば、その地域に住む生徒や保護者、住民に限定されがちである。

これらの違いが、どういった企業がスポンサーになるか、スポンサー料はどのくらいかにも影響している。例えば、ミシガン州の高校体育協会は五〇〇〇ドルから一〇万ドルを超える範囲までのスポンサー契約を行っており[8]、ミシガン州中部に多くの顧客を持つ民間の健康保険会社（アメリカは国民健康保険が

写真１　リーグのスポンサー

ないため民間の保険会社に加入する）、ミシガン州デトロイトに拠点を置き、州内に複数ある病院、ミシガン州の農業関係者によって設立され、現在も州内でサービスを行っている保険会社、州内に多くの店舗を持つ大型小売店などである。州を市場としている健康や保険に関連する組織が多いといえるだろう。

ミシガン州高校体育協会のスポンサー募集案内[9]には次のように書かれている。

「ミシガン州高校体育協会の企業スポンサーになるメリットは数多くあります。七五〇以上の高校、および八〇〇以上の中学校が加盟しているため、パートナーシップを結べば、さまざまな文化的、社会経済的背景を持つ一四～一八歳の運動部の生徒、主に一八～五四歳の家族にアクセスできます。パートナーシップは、生徒や家族の経験を向上させ、貴社ブランドから生徒、家族へのサポート感を提供することができます。企業の製品やサービスのブランド認知度が最大限に高まります」

写真２　学校のスポンサー

一方、学校の運動部とスポンサー契約を結んでいるのは、学校の付近のスーパーマーケット、飲食店、不動産業者、自動車運転免許の教習学校などで、そこに住んでいる高校生と保護者をターゲットにしている。（写真２）

ミシガン州内にあるポートヒューロン学区のスポンサー募集の資料[10]は、まず、運動部の教育的価値を説明し、その後にこの学区の運動部が縮小・廃止されると、多くの優秀な生徒がこの学区から出ていくと書いている。地域の企業にスポンサーになってもらうことで、生徒の流出、優秀な生徒とその保護者たちが転出していくことを防げるとしており、これは地域企業の顧客が流出するリスクについてもほのめかしているように見えなくもない。また、学区とスポンサー企業の両者にメリットがあると説明している。

１　ポートヒューロン校のチームは、地域社会から必要とされている企業の資金援助を受ける。

２　スポンサーは、出資によって地域社会の人々の目にふれる機会が増え、ビジネスを拡大する。

さらに、どのくらいの広告効果が得られるかも数字で示している。金曜日の夜に行われる試合には観客数三〇〇〇－六〇〇〇人。体育館のバスケットボールの試合には五〇〇－一二〇〇人、男子チームと女子チームあわせて二〇試合が行われるなどに加えて観客層についても説明している。スポンサー契約の値段は、次のようなものだ。

学区の校内のグラウンド、体育館など九箇所に広告を出す最高額のダイヤモンドプランの総計は八〇〇〇ドル。六箇所に広告を出すプラチナは五〇〇〇ドル、四箇所のゴールドは三〇〇〇ドル、三箇所のシルバーは二〇〇〇ドル、一箇所のブロンズは一〇〇〇ドル、サイズの小さいものを一箇所に出すものは五〇〇ドル[11]。スポンサー企業には、プランごとに枚数が異なるが、この高校で開催される公式戦の入場券が与えられる。

この学区には、高校が二校ある。学区が、二高校まとめて運動部のスポンサーを募集するパンフレットを用意している。スポンサー企業の窓口になっているのは、二つの高校のアスレチックディレクター、学区のスペシャルプロジェクトマネジャー、コミュニティリレーションディレクターの四人であり、ここでは、ブースタークラブではなく、学校がスポンサーを募っている。

統計でみるアメリカの運動部と広告

学区、学校単位で、企業とスポンサー契約しているところはどのくらいあるのか。企業とのスポンサー契約にあたって窓口になっているのは誰なのか。企業とのスポンサー契約を検討するときに、運動部が商業化するという懸念や葛藤はあるのだろうか。学区からの予算割り当てや参加費徴収とスポンサー契約には関連があるのか。第6章の冒頭でも取り上げた全米の高校のアスレチックディレクター約二五〇〇人を抽出し、外部からの財源とスポンサー契約についてアンケートした調査[12]からレポートする。回答したのは公立校が八九・四％、私立校は一〇・六％であった。

学校運動部として企業スポンサーを求める理由を複数回答形式で聞いたところ、トップは、用具や消耗品の購入費（七六・二％）であった。その他の重要な理由としては、維持費や改修費などの施設関連費用（五六・四％）、ユニフォーム代（五三・六％）、表彰やバンケット［筆者注：シーズン終了時などに行う］費用（五三％）、移動交通費（二九・三％）、コーチ報酬（一二・二％）だった。

学区からの運動部の活動資金については、五一・九％が「同じ金額を割り当てられている」と回答した。金額が減少したという回答が三五・六％、増額と回答したのは六・一％だった。

高校運動部のスポンサー企業にはどのように自社製品や企業名をアピールし、露出しているのか。試合プログラムの広告（八五・六％）と施設内の看板（八一・四％）が最も多く、試合においてスポンサーと認識してもらう（六六・五％）、場内アナウンス（五三・二％）、販促のプロモーション品への広告（四八・九％）と続く。施設の命名権（八％）やチームのユニフォームへのロゴを入れる（三・七％）は少ないといえるだろう。

スポンサーからの収入については、最も大口となっているスポンサー企業からの年間の収入は五〇〇〇ドル未満が最も多く七四・七%、五〇〇〇ドルから一万ドル未満が一三・七%、一万ドル以上が一一・六%だった。

学校の運動部予算に占めるスポンサー収入の割合については、六二・六%のアスレチックディレクターが全体の五%未満と回答し、次いで六-一〇%が一九・三%、一一-二四%が一三・三%であり、運動部予算の二五%以上に達しているのは、四・八%であった。

企業とのスポンサー契約を担当しているのは、学校のアスレチックディレクターが最も多く六八・三%、ブースタークラブ五七・六%、コーチ四三・九%、学校長一一・七%、外部のマーケティング会社九・八%が続く。

スポンサー企業を募っていないと回答した人にその理由を尋ねたところ、最も多かったのは、スポンサーを募集したり、マネジメントしたりする計画がまだ作られていないことで五四・二%を占めており、続いて、学校がスポンサー契約を認めていない三五・五%、スポンサー契約に関する知識が不十分が二五・二%、スポンサー契約は学校にふさわしくない一七・四%となっている。

資金調達イベントであるファンドレイジングを活用している学校運動部ほど、スポンサー契約もしている可能性が高くなる。運動部数が多い（一九種目以上）学校では、少ない学校（一九種目未満）よりも、何らかの形でスポンサーを利用する傾向が強かった。

この調査の結果からは、一般的に高校の運動部ではスポンサー収入は運動部財源を補助する役割に留まっており、用具等の購入にあてられることが多いといえる。プロスポーツで見られるような命名権の販売も行われているが割合としては少なく、試合プログラムの広告や施設の看板など伝統的な形が多い。スポンサーを得るためにスポーツマーケティング会社を利用している学校も存在するが、実際には、アスレチックディレクターやブースタークラブの役員が、スポンサー契約についての実務を担っている。

アメリカでは企業とスポンサー契約を結んでいる高校運動部は多いが、全ての高校運動部がスポンサー契約をしているわけではない。この調査では、約四割の高校運動部が企業とのスポンサー契約を結んでいなかった。その理由として、最も多く挙げられたのは、スポンサー契約の管理運営をするシステムや知識の不足だった。スポンサー契約は学校にふさわしくないとしている回答や、学校として認めていないという回答もあった。スポンサー契約に関心があるがその準備ができないところと、学校の明確な方針として企業とのスポンサー契約を避けているところもあることがわかる。

スポンサー契約における制限事項の明記

第7章で述べたが、ブースタークラブでも、お金が運動部活動に影響を及ぼさないように、学校の承認を得て金銭的支援をしたり、コーチへの謝礼金について制限したりしていた。スポンサー契約でもこのような制限は入っている。契約事項は学校の運動部の上位組織である学区教育委員会または学校によって作られているところが多いようだ。
その契約事項には次のようなものが含まれている。

・学校のスポンサーになっているからといって、学校がスポンサーの商品やサービスを薦めているわけではない。
・宣伝物には、学校が、商品やサービスを推薦しているわけではないことを明記する。
・スポンサーであるからといって、学校の意思決定に影響を与えることはできない。
・いずれかが評判を損なう行為をしたときには、契約を終了できる。
・児童や生徒に、掲示された広告等を読み上げることを指示しない。

また、学区によっては、スポンサー契約は商業組織に限定しているところもある。特定の思想や宗教団体等の影響を制限する目的があると思われる。

学校運動部のスポンサーになっているからといって、学校の運動部がそのサービスを薦めているわけではないので、こういったことを宣伝物に入れることはできない。ただ、地元のお店には、高校運動部の写真や旗などが飾られていることがあり、その様子から、このお店がスポンサーになっていることが顧客に伝わるようになっているところもある。

■注・文献

1 A.J, McFarland, Allison 2002 "What's In It for Us? Rethinking Corporate Sponsorships in Interscholastic Athletics" Opinion paper, Non jornal: 5

2 S.Chen, A.Willoughby, K.Henderson, S.Callihan 2015 "Financial Management and Gender Equality in Interscholastic Athletics" Universal Journal of Management 3(11): 450-457

3 Michael F. Addonizio 2000 "Private Funds for Public Schools", The Clearing House: A Journal of Educational Strategies, Issues and Ideas, 74:2: 70-74

4 James Price, Judy Murnan, and Bradene Moore 2006 "Soft Drink Vending Machines in Schools: A Clear and Present Danger", American Journal of Health Education, September/October 2006, Volume 37, No. 5, pp306-314.

5 佐野慎輔 2019.7.10「ピーター・ユベロス　ロサンゼルスが悪いのではない……」笹川スポーツ財団 https://www.ssf.or.jp/knowledge/history/supporter/17.html

6 J.Wartella 2009 "Sponsorship of interscholastic athletics: An examination of state high school athletic/activity association sponsor" UNLV Theses, Dissertations, Professional Papers, and Capstones. 111.

7 David Kelley 2012 "Sports Fundraising Dynamic Methods for Schools, Universities and Youth Sport Organizations" Routledge

8 MHSAA, Corporate Partners, https://www.mhsaa.com/about/corporate-partners#:~:text=Our%20current%20partners%20supporting%20the,%245%2C000%20to%20six%2Dfigure%20partnerships.

9 前掲8

10 2016-17 Athletic Season for Port Huron Schools, Corporate Sponsor Program, https://cdnsm5-ss7.

sharpschool.com/UserFiles/Servers/Server_14801/File/Athletics/PHS%202016-17%20Athletic%20Sponsorship%20Program.pptx.pdf

11 谷口輝世子 2019.12.23「公立校の運動部にスポンサー　米国の部活で確立された入場券とスポンサービジネス」THE ANSWER. https://the-ans.jp/column/98528/2/

12 David A. Pierce and Leigh Ann Bussell 2011 National Survey of Corporate Sponsorship in Interscholastic Athletics, Sports Management International Journal, Vol7,2011.11.

第9章

入場券収入

第7章ではブースタークラブがメンバーシップを販売し、その特典として入場券を与えている事例をレポートした。アメリカの高校運動部の公式戦では、入場料を集める。それほど高額ではなく五ドルから一〇ドルの範囲内であることが多い（写真1）。

私の息子が通ったミシガン州オークランド郡の高校では、自校で開催される試合の入場料は、学区から指定された職員が集めている。学区から指定された教職員が担当するのは、集めたお金を直接、ブースタークラブや運動部の収入にするのではなく、いったん学区の収入とするためである。学区の収入としたあとで各運動部に分配していく。指定された職員が入場料を受け取り、保護者やお金が直接、お金にふれることを避けているといってよいだろう。ここ数年は、オンライン化がすすんでいるので、現金のやりとりは減っている。一方、第7章の最後に紹介したセルフファンディングのラクロス部では、保護者が入場料を集めていた。息子が通った高校では、学区から指定された教職員が、グ

写真１　入場料

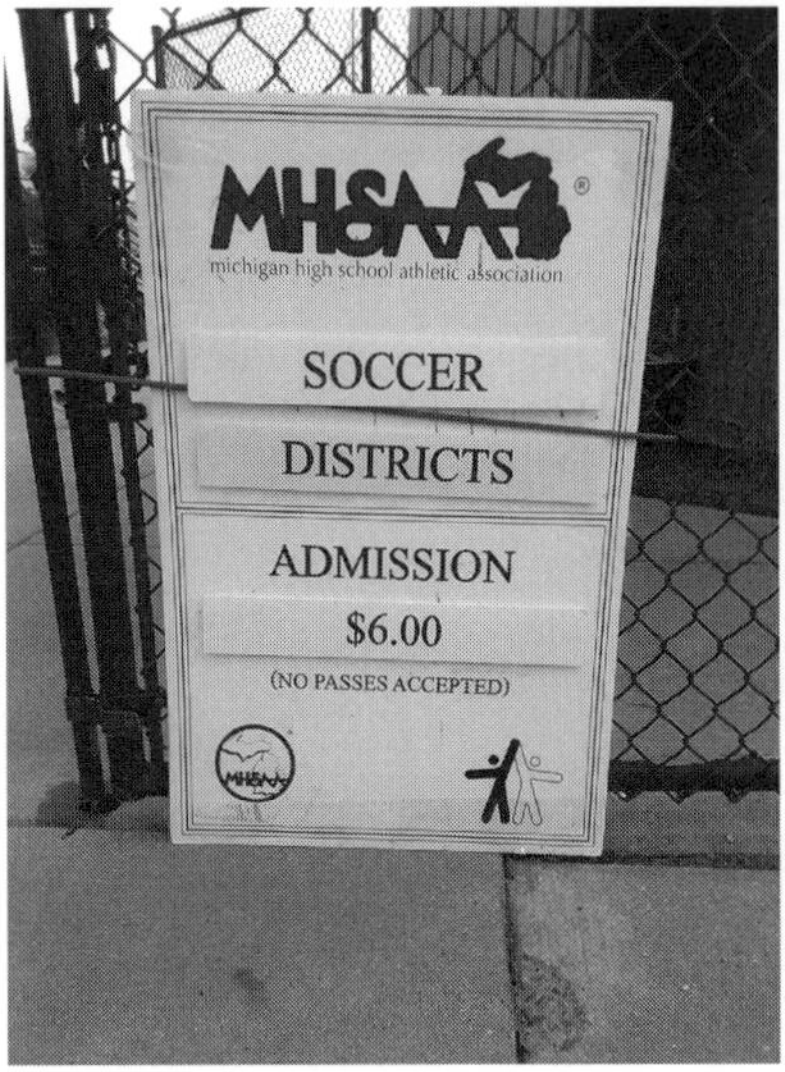

写真２　入場料

ラウンドの入り口で入場料を集めていたと書いたが、アイスホッケー部は例外で保護者が入り口で入場料を集めた。集めたお金はそのまま、アイスホッケー部の部費にすることができた。これは、アイスリンクの使用料を部が負担（つまり保護者が負担）していたからだった。入場券収入を、どこの収入とするかによって、集める人が変わっているといえる。

　高校のリーグ戦が終わるとミシガン州高校体育協会が主催するトーナメント大会に進むが、ここでの入場料の金額はミシガン州高校体育協会が決めている。入場券収入も州の体育協会の収入となる。入場券の金額は種目によってやや異なるが地区大会が七ドル、準々決勝一〇ドル、準決勝一二ドル、決勝一二ドルとなっている。二〇二〇年の春季スポーツの州大会は、新型コロナウイルスの感染予防のために試合が中止になり、州の体育協会は例年並みの収入を得られなかった（写真2　これは二〇二〇年秋のミシガン州体育協会の地区大会で六ドルだった）。

高校の試合を観戦しているのは、保護者、家族、高校生選手たちのクラスメートたちが圧倒的に多い。外からの収入を獲得するというよりも、身内に入場券購入という形で金銭的支援をしてもらっている格好だといえる。それでも、卒業生やOBの姿はよく見かけるし、地域の人たちが全くいないわけではない。ときには大学の運動部のスカウトが来ることもある。近隣校とのライバル戦は、両校の生徒が集まってきてにぎやかだ。観戦に来た高校生たちは、大きな声を出して自分の友達である選手を応援するので大いに盛り上がる。しかし、ときにはエスカレートして他校の生徒との小競り合いになることもあり、こういった観戦時の問題をコントロールするために、警備の大人が観戦エリアを巡回する。試合のときは、地元の警察が立ち会っている（写真3）。入場券収入もあるが、警備という経費もかかっている。

観客動員増を狙う

入場券販売を増やすための努力もしている。そのひとつがイベントの開催だ。そのスポーツを行っている地域の小さい子どもを招待する。例えば、私が保護者として関わったアイスホッケー部は、地域の幼児、小学校低学年のアイスホッケーチームを招待し、二〇分のピリオド間を利用して試合をしてもら

写真３　試合に立ち会う警官

う。高校生選手たちが花道を作って、小さな子どもたちに入場してもらい、アナウンス係が子どもたちの名前をひとりひとり読み上げて、「将来の○○高アイスホッケー部のスターたちです」というようなことを言う。試合終了後にはピザと飲み物をふるまう。小さな子どもを招待して、ピザまで出して、なぜ、入場券販売が増えるのかというと、その小さな子どもたちの保護者からは入場料をいただくからだ。

アイスホッケー部では、毎試合、アイスリンクの様子が見えるロビーの窓ガラスにバナーをはり付ける。何のためかというと、ロビーの窓ガラスから覗き込むと試合が見ることができるからだ。試合を見たい人にはお金を払ってもらえるように、窓ガラスにバナーをはって目隠ししている。

見せ物か財源か。入場料をめぐる議論

アメリカでは、高校の運動部の試合に入場券料を支払うことに、ほとんど誰も疑問を持っていない

ようだ。生徒たちだけで運営していた一〇〇年以上前から入場券販売による収入は、活動の財源となっていた[1]。それが、今でも、学区教育委員会から与えられる運動部の活動予算を補うために続いているようだ。では、これまで入場料を集めることは商業主義に陥るのではないか、もしくは、試合を見世物にしているのだろうかという批判はなかったのだろうか。

一九二四年に行われたアメリカの運動部調査"The administration and cost of high school interscholastic athletic"[2]には、いくつかの州の高校体育協会の財務表が掲載されている。一九二二年一一月から一九二三年一一月までのインディアナ州高校体育協会の財務表によると、協会の収入源は地区トーナメント大会からの収入が最も多い。ここでは、入場券収入と明記されていないが、トーナメントを開催することで収入を得ているので、入場券収入が含まれていると考えられる。このほかに、一九二三年六月から一九二四年五月までのミネソタ州高校体育協会の財務表も取り上げており、バスケットボールのトーナメント大会からの収入が九一二五ドル、大会の開催には五二五七ドルかかっていることが記録されている。大会の開催には費用がかかっているが、大会から得られる収入のほうが三八六八ドル多い。この期間の協会の総収入は一万二一八九ドルであることから、トーナメント大会からの収入が主な財源となっていることがわかる。

しかし、この調査を行ったワーゲンホーストは「州のチャンピオン大会では入場料が徴収されている。これらのコンテストを商業化することは不適当である。チャンピオン大会にかかる経費は、エントリーした学区から徴収すべきである。コンテストは州立大学の体育施設を無償で利用できるようにすべきである」と州の協会が入場料を徴収することは商業化につながるという懸念を示している。

それでも、アメリカのすべての州の協会が、入場料徴収は商業化につながると考えていたわけではない。ミシガン州高校体育協会でも、すでに一九二〇年代にはトーナメント大会から収入を得ていたと記録されている[3]。ミシガン州体育協会は各州の高校体育協会のなかで、政府や税金からの補助金を受け取っていない最初の協会であり、入場券収入は、協会が州から独立して運営するための財源と意味づけていた。ただし、大会に必要な支出と大会収入の差はそれほど多くはなく、少額の利益を上げるにとどまっていた。

州の高校体育協会だけでなく、各学校運動部でも入場券収入を得ていた。一九三二年に発表された"Intramural and Interscholastic athletic"[4]は、全米から抽出した三二七校を対象に調査したものだ。これによると、運動部の最大の収入源は入場券収入であるという回答が二七六校で、学区教育委員会からの補助金としたのは三二校に留まる。

これについて、この調査を行ったブランメルは「多くの学校では、一学年度中に活動を推進するために受け取る金額と支出する金額は、何千ドルにも及ぶ。これらの競技に対する需要は非常に顕著であり、多くの学校では伝統となっているため、その維持に必要な資金を調達するために、さまざまな手段がとられている。たいていの学校では、学校間対抗をする運動部活動プログラムは、財政的な自立を求められている。勝っているチームは、平均的な実力しかないチームよりも多くの観客を集めることができ、資金を多く集めることができる。必要な資金を調達するために、勝てるチームの育成に重点を置きすぎるのは危険である。もし、これらの活動が何らかの形で自助努力の必要性から解放されるなら、ある種の弊害がなくなるか、少なくともその解決は単純化されるだろう」としていて、観客を集めようとするあまりに勝利至上主義に陥ることを警戒している。そして、運動部活動が教育に貢献するものであれば、学区が費用を負担するべきだとしている。

こういった調査から、運動部を学校の管理下に入れようとしていた一九二〇年代、学校の管理下にほぼ入った一九三〇年代には、入場券販売による運動部の見世物化や、入場券収入を得るために勝利至上主義に陥ることに懸念を示し、学区が全ての費用をまかなうことが望ましいとしていたことが分かる。しかし、現実には、学区が運動部活動に必要な全費用を出すことはできない。けれども、お金がなければ運動部は活動できない。入場券を販売すれば収入が得られるので、理想的な資金調達法ではないかもしれないが、禁止することはできなかったのだろう。

一九六二年出版の、運動部管理者のためのガイドブック"Administration of High School Athletics Fourth Edition"[5]でも、考え方はそれほど変わっていない。「大人にとって運動部（の試合）は娯楽であり、その娯楽にお金を払う。したがって、問題は、高校生への教育と、関心を持つ大人の観客への娯楽の提供との適切なバランスをとることである。もちろん、学区教育委員会が補助金を出せば、運動部の運営は大幅に簡素化されるに違いない。しかし、その目標は現時点で達成の可能性があるようにはみえない」としている。

運動部が学校の管理下に入った後も、入場券収入は貴重な活動財源であったといえる。しかし、前述した“The administration and cost of high school interscholastic athletic”と“Intramural and Interscholastic athletic”は、運動部を指導する教員への指導手当ては、学区教育委員会が支払っていたところが多いとしている。外部からのお金で指導者を雇うことや、指導者する教員の報酬に観客数がダイレクトにつながることを避けていたのだろう。第7章で見たようにブースタークラブからは、コーチにお金を渡すことが禁じられていたり、制限されたりしている。一〇〇年前も、外からのお金によって、学校が運動部を制御し切れなくなるのを、警戒していたと考えられる。

入場料を集めることは、運動部活動が始まったころからずっと続いているようだ。しかし、生徒だけで運営していた時代から、学校の管理下に入ったことで、入場料の管理は生徒ではなく、学校が行うようになっている。一九二〇年代にはまだ混乱があったようだが、それ以降は、誰がどのようにお金を管理し、分配するかが常に意識されてきたようである。

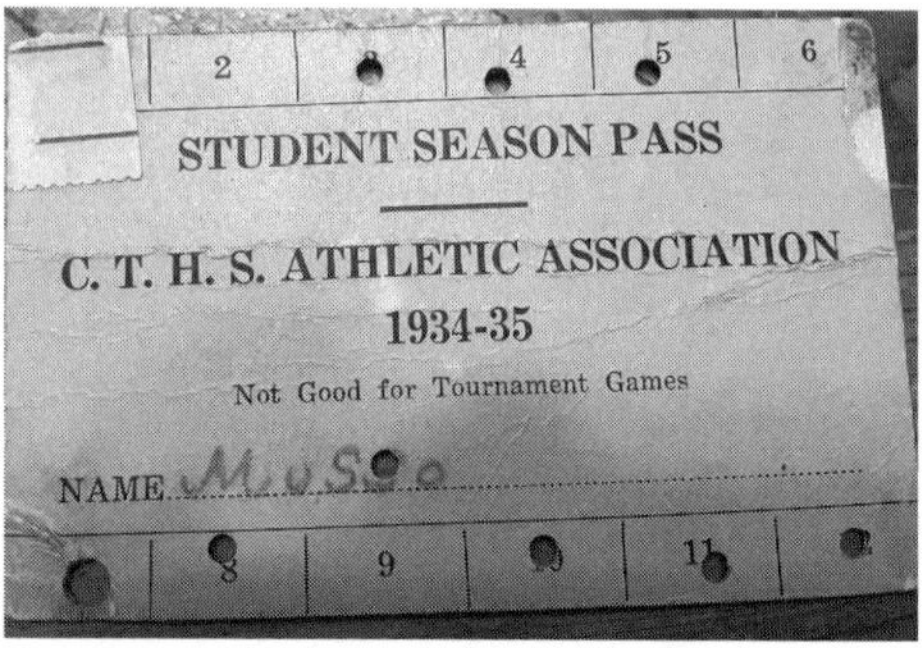

写真４　1930 年代の学校での公式戦の入場券

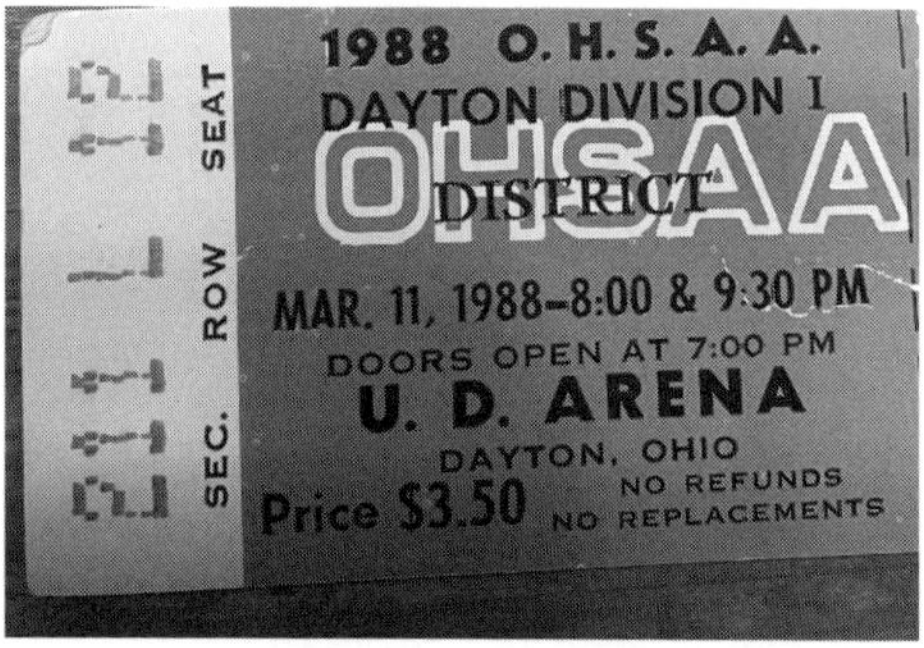

写真５　1980 年代の州大会の入場券公式戦の入場券

■注・文献

1 Robert Pruter 2013 "The Rise of American High School Sports and the Search for Control: 1880-1930" Syracuse University Press

2 L.H. Wagenhorst 1926 "The administration and cost of high school interscholastic athletic", Contributions to education 205, Teachers college, Columbia university, 1926

3 L.L. Forsythe 1950 "Athletics in Michigan High Schools the First Hundred Years" Prentice Hall.

4 R. Brammel 1932 "Intramural and Interscholastic athletic", Bulletin No.17 National Survey of Secondary Education, United States, Government Printing Office

5 C.E. Forsythe 1962 "Administration of High School Athletics Fourth Edition" Prentice Hall.

第10章

格差縮小を目指す放課後活動と新しい学校運動部

アメリカでは学区単位で初等教育、中等教育を運営している。学区の財源は住民からの税だ。それだけでは、経済的に豊かな学区とそうでない学区の差が大きくなるので、連邦政府や州政府から格差を是正するために補助金が出る。しかし、これらは、児童・生徒ひとりあたりに必要なお金の下限を保障するもので、依然として豊かな学区とそうでない学区との格差は残る。

課外活動についても、学校が提供できる課外活動の数は学区や学校によって違っている。人権団体ナショナル・ウィメンズ・ロー・センターが、白人が生徒の九〇％を占める高校と、白人が生徒の一〇％以下の高校とで、人種と性別によるスポーツ活動の機会を比較したところ、生徒の九〇％を白人が占める高校では、生徒一〇〇人当たりのスポーツ活動の枠数は男子が六二、女子が五一であるのに対し、白人が一〇％未満の高校では男子三〇、女子二〇にとどまっていた[1]。

運動部を含む課外活動は、学区から割り当てられる予算以外に、外部からのお金にも頼っている。

この外部からのお金には、生徒から徴収する参加費、ブースタークラブを通じた寄付、スポンサー契約、試合の入場料などがある。経済的に豊かな学区は、参加費を支払える生徒が多く、ブースタークラブを運営できる大人がいて、よりお金を集めることができる。学区の中やその周辺にお金があり、それを集めることのできる大人がいる。一方の経済的に恵まれない生徒の多い学区では、参加費を支払えない生徒が多く、周囲から寄付を集めようとしても、周囲も寄付できるだけの余裕がなかったり、お金を集めることのできる大人がいなかったりする。したがって、学区間の課外活動機会の格差は広がる。

学校ではなく、地域でスポーツ活動を行っても格差の問題は依然としてあるし、より大きくなることもある。参加費徴収の第6章でもふれたが、地域には営利業者が運営するスポーツクラブやスポーツチームがあり、こういったところでは、学校が徴収する参加費よりも、よりお金がかかるからである。お金を払うことで、よりよいトレーニング機会を得られるので、課金することで、競争で優位に立てる面があり、トレーニングや大会に出場するための費用がつりあがっていく。競技優秀者として一三歳ごろにスカウトの目に留まる存在になれば、民間のクラブからも奨学金が出て、門戸が開かれるケースもあるが、中学生になるころまでにスポーツの機会を得られるかどうかという壁もある。

慈善団体による支援

経済的に恵まれない家庭の子どもたちにも、スポーツを含む課外活動の機会が行き届くようにする

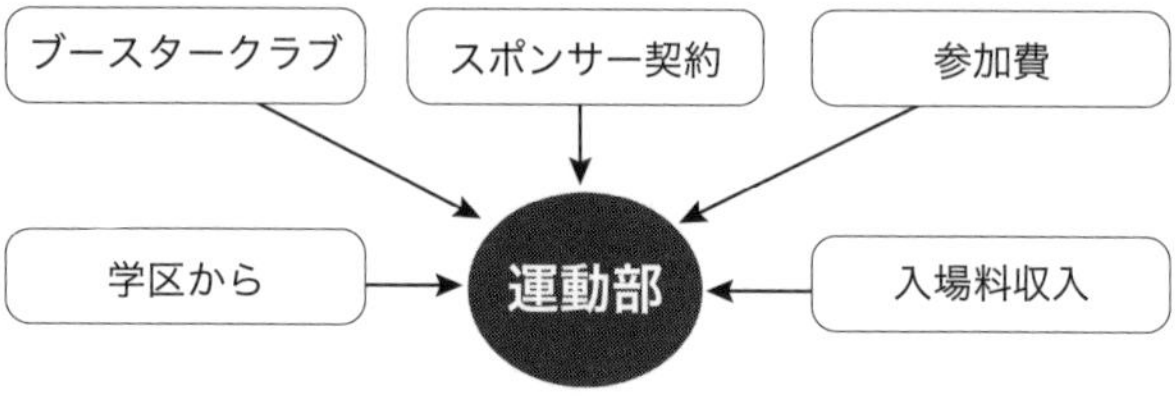

図1　各学校運動部の主な収入源

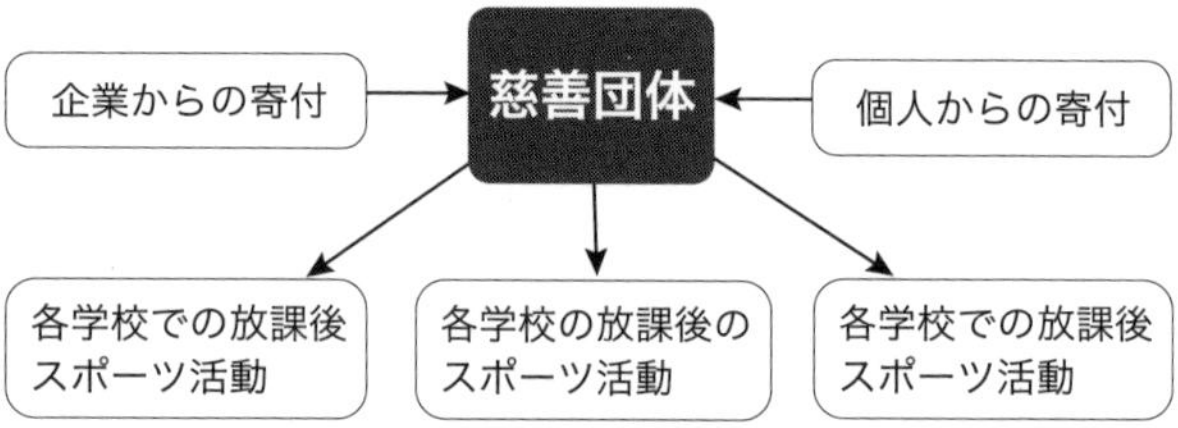

図2　慈善団体による資金調達と分配

には、学区間格差や世帯所得の格差乗り越えなければならない。それを支えているのが、放課後事業を支援する非営利の慈善団体である。これらは、特定の活動を支援するスポーツ組織、企業、またはフィランソロピー財団であることが多い。学校を活動の場にしているところもあるが、学校を代表する運動部としては活動していない。慈善団体が所有する施設や、地域の体育施設を活動の場にしていることもある。これらのチームは、州の高校体育協会には加盟していない。あくまでも放課後活動の支援という位置づけである。

このような慈善団体等による支援の特徴は、まず、慈善団体が個人や企業からお金を集めて、それを低所得世帯の多い地域の活動に分配するという構図になっていることだといえる。上は学校運動部の財源調達（図1）と、慈善団体による財源調達（図2）を図式化して比較したものである。経済的に恵まれない学区や地域に住む児童・生徒は、身近な大人や地元企業から、運動部活動やスポーツ活動に必要なお金を集めることが難しい。そこで、こういった慈善団体が、お金をもっている企業や個人から寄付をしてもらうように呼び掛けたり、ボランティアのコーチを募集したりして、お金と人とを集めている。日本では、子ども食堂を支援する『むすびえ』という組織があり、お金の集め方と分配方法が、アメリカの放課後活動を支援する慈善団体と似ている面があるのではないか。

アメリカの放課後支援を行っている主な団体は、次のようなものだ。ボーイズ・アンド・ガールズクラブ、PAL（以下ポリス・アスレチック・リーグ police Athletic league）、米サッカー財団（US soccer foundation）、メジャーリーグ・アーバン・ユース・アカデミー（MLB urban youth academy 放課後支援とエリート選手養成を含む）。

以下はこれについて、THE ANSWERで、二〇二三年二月二七日に掲載した拙稿を修正したものである[2]。

今、日本では部活動の地域移行が進められているが、アメリカでは地域でのスポーツ活動を学校に「デリバリー」している例がある。これらは、従来の他校と試合をする学校の運動部ではなく、あくまでも放課後活動の支援のひとつとしてスポーツ活動を提供しているものだ。その一例が、米サッカー財団による「サッカー・フォア・サクセス」というプログラムで、米国の都市部に住む低所得層の子どもたちを対象にした放課後のサッカー活動である。格差の大きい米国社会では、住んでいる学区や保護者の収入によって、子どもたちの課外活動機会にも差があり、低所得世帯の子どもは課外活動機会が十分に得られていないことが調査でわかっている。このプログラムは、こういった状況を補うことを目的としている。

米サッカー財団と提携する全米各地の約一五〇の放課後活動を担う非営利団体とが、資金を集めて運営し、全米の約一五〇〇か所の学校等にサッカー活動を出前している。同財団からは活動理念とともに活動のモデルも提供している。運営する非営利団体ごとに内容は異なるが、子どもたちには、ユニホームとボールを支給、一時間一五分から三〇分程度の活動を週三回、年間二四週というのが一般的な「サッカー・フォア・サクセス」のプログラムだ。子どもたちの参加費は無料である。このプログラムは、サッカーのエリート選手の養成を目的にはしていない。健康的な生活習慣、助言者やコーチとの信頼関係の構築、子どもだけでなく、その家族や地域社会にむけても、健康的な生活習慣を啓蒙することを目的にしている。

デトロイトでは、米サッカー財団とデトロイト・ポリス・アスレチックリーグが提携し、デトロイト・ポリス・アスレチックリーグを通じて、デトロイト市の公立小学校でサッカー活動を行っている。コーチは一般の大人の場合もあるが、その学校の教員が担当しているケースが多い。このコーチには、米サッカー財団とデトロイト・ポリス・アスレチックリーグから少額だが、手当が支払われている。

ボストンでは、ボストン・スコアズという非営利団体が財団と提携して、ボストン市内の五〇以上の公立学校で放課後のサッカー活動を提供している。ボストン・スコアズのロゴは、サッカーボールに鉛筆が突き刺さっているもので、サッカーだけでなく、学力を身に付けることを重要視している。

サッカーのコーチには時給一五ドル程度が支払われており、有償のコーチを支えるボランティアもいる。

前述したように、アメリカの公立学校はその学区の住民の払う税金が主な財源となっており、低所得世帯の多い公立学区の教育予算は不十分になりがちだ。財源不足によって課外活動を提供できない公立学校に代わって、非営利団体の放課後事業が参加費無料の活動を提供しているといえる。

また、中学校を拠点に運動部活動を支援しているケースを取り上げる。

以下は二〇二三年一〇月二一日に THE ANSWER に掲載した記事を修正したものである[3]。

NBAウォリアーズのステフィン・カリーと妻のアイシャ・カリーさんが立ち上げた『Eat. Learn. Play』という慈善団体が、カリフォルニア州オークランドのオークランド統一学区に二〇二六年までに計五〇〇〇万ドルを寄付すると発表した。カリー夫妻が全額を寄付するわけではないが、この慈善団体の運営費の一〇〇%を負担し、さらに企業や個人に寄付を呼びかけることによって、目標額の寄付をするというものだ。この団体は二〇一九年に設立され、ここまでに四七〇〇万ドルを調達したという実績を持つ。協力企業には、医療保険団体のカイザー・パーマネンテ、ウォリアーズ、チェイス銀行、楽天などが並んでいる。支援の内容は、この団体の名前である『EAT.LEARN.PLAY』という三つの単語が表すように、オークランド統一学区という公立の学区を通じて、子どもたちに食事、学び、遊びを提供している。

オークランド統一学区の学区全体の貧困率はそれほど高くはないが、メジャーリーグ・アスレチックスの本拠地オークランドコロシアム近くの学校では児童の九割が低所得世帯の子どもたちだ。また、オークランド統一学区の近くには裕福な学区が多く、これらの学区はより高い給与、よい条件で教員を雇用できることから、教員採用の競争でも不利になり、教員としてのすべての資格を満たさないまま、教壇に立っている教員の割合も多い。さらに、学区の財政が失敗続きで赤字が膨らんでいると指摘されている。低所得世帯の子どもは家庭でも苦しい生活を強いられるだけでなく、通っている学校でも財政の混乱などから十分な教育を受けられないといった状況にある。

スポーツを含む遊びを示すPLAYでは、体を動かす遊びに焦点を当てて支援している。米疾病管理予防センターでは一日に六〇分以上、体を動かすことを推奨しているが、オークランド地区の子どものうち、これを満たしているのは一四％で、特に女子は九％しかいない。そこで、二五の校庭を整備し、子どものデザインによる遊具の配置、マルチスポーツ場、サッカー場などを作る。

カリーの慈善団体は、中学校の運動部活動も支援している。オークランド統一学区の中学校運動部は『オークランド・アスレチック・リーグ・ミドルスクール』というリーグ組織を持っていて、これをカリーの慈善団体がスポンサーとして支えているのだ。このリーグ組織は、日本の各市、各地区の中学校体育連盟をイメージしてもらうとよいだろう。『オークランド・アスレチック・リーグ・ミドルスクール』は、スポーツ活動が生徒の教育経験の重要な一部であると位置づけ、競技レベル、性別、性的指向、身体的ハンディキャップの有無にかかわらず、すべての生徒がスポーツを通じて全人格的な成長を遂げることができる、安全で育成的な環境を持つリーグを作ることだと謳っている。

カリーはなぜ、中学校の運動部を支援することにしたのか。子どもたちが、何を必要としたり、望んだりしているか、現状はどうなっているのかについて、まず、調査をした。その調査の結果、子どもたちは、レクリエーションセンターなどはあまり使用しておらず、体を動かして遊び、スポーツをしているのは学校が多いことがわかった。また、学校以外の場所での活動は保護者による送迎の負担が大きいことなどもデータから見えてきた。こういったことから、小学生は学校の校庭で遊んだり、スポーツしたりできるように整備し、多くの生徒が中学校の運動部に入れるように施設、財政を補助することを決めた。経済的に苦しい地域に住み、低所得世帯で育つ子どもたちが、体を動かす機会を増やせることを目的とした運動部の地域展開の事例といえるのではないだろうか。

カリーはプロのバスケットボールのスーパースター選手のひとりだが、バスケットボール部だけを支援しているのではない。学校を拠点としたスポーツ活動『オークランド・アスレチック・リーグ・ミドルスクール』を支援し、活動紹介として、カリーが中学生たちとサッカーをしている写真を使っている。これは、バスケットボールである必要はない、競技力にはこだわっていない、何か体を動かして楽しめることをというメッセージを送っているようにも思えた。

学校を拠点にした地域展開

ここまでは、慈善団体による放課後支援事業としてのスポーツ活動をレポートした。次にアメリカでも、まだまだ数は少ないが、学校の運動部が地域展開しているケースを取り上げる。アスペン研究所では、現在の学校でのスポーツ活動は、伝統的な学校の運動部しか選択肢がないとしていないと指摘し、新しく、健康的な身体活動のために複数の選択肢を設けることを提唱している[4]。この提唱は、全ての人にスポーツまたは健康的な身体活動を、という理念が土台になっている。

以下は二〇二四年一月二四日にTHE ANSWERに掲載した記事を修正したものである[5]。

アスペン研究所は新しい子どものスポーツ活動のモデルを提唱している。これからの学校はスポーツの機会を「提供する」とともに、地域スポーツと「つなぐ」という二つの役割を担うとしている。このモデルは、できるだけ多くの生徒が、それぞれが望むスタイルで身体活動の場を得られるようにという理念にもとづいている。新しいモデルとは、これまでの学校の運動部のほかに、校内運動部、生徒主導型クラブ、体育の授業、フィットネス、地域のレクリエーション・公園局を拠点とする地域スポーツを含むものだ。

しかし、その実践には、お金と人が必要になる。お金と人の問題は、学区、地域、学校ごとに深刻さや抱えている課題が異なる。アスペン研究所では、これらの違いを認識したうえで、学校の規模や地域によって八つにわけて考えている。都市部公立大規模校、都市部公立小規模校、農村部公立大規模校、農村部公立小規模校、郊外公立大規模校、郊外公立小規模校、私立高校、公費運営のチャータースクールである。一般的には都市の内部には低所得世帯が多く、郊外には経済的余裕のある世帯が多い。農村部はRural Areaと呼ばれるもので、人口密度が低く、スポーツ施設にアクセスしにくいという課題がある。それぞれのカテゴリーごとに生徒の置かれている状況、生徒のスポーツ活動の実態を調査して、課題を把握したうえで、それを、どのように改善していくかを示し、カテゴリーごとに実践例を紹介している。

高い評価を受けたいくつかの取り組みを紹介してきたい。郊外の公立大規模校（生徒数一〇〇〇人以上）部門、全校生徒が約四一〇〇人のバージニア州のアレクサンドリア高校では、四五人しか入部できないサッカー部（おそらく一軍と二軍の二チーム編成）で三〇〇人の生徒がトライアウトに参加するという。チームに入れない二五〇人あまりの生徒はサッカーをする機会を失っていたのだが、高校のサッカー部が地域のサッカー協会と提携して、トライアウトに落ちた生徒は無料でプレーできるようにした。地域のサッカー協会が高校生を受け入れることと引き換えに、学校は、この地域のサッカーチームが高校のグラウンドを使用することを認めた。アレクサンドリア学校のアスレチック・ディレクターのジェームス・パーカーさんは「幼い年代では、お金を払わないとサッカーやバレボール、他のスポーツはできなくなっています。マイノリティの生徒の多くは、高校運動部の競技レベルが高すぎて、トライアウトでカットされてしまいます。我々は彼らを包摂しなければいけません」と話している。パーカーさんの話に説明を加えよう。この高校のマイノリティの子どもの多くは、小学生、中学生時代のスポーツ活動にはお金がかかるために参加していないことが多く、小中学生のときからスポーツ活動をしていた生徒に比べて、競技能力を伸ばすのに不利な状況にある。それで、高校の運動部のトライアウトで落とされていて、高校でも運動部で活動する機会を得られなかった。それを、学校と地域とが連携することで彼らにもスポーツ機会を保障するようにしたということだ。

また、都市部の公立大規模校部門で高評価を受けた学校のひとつに、イリノイ州のサウスサイド高校がある。この高校に通う多くの生徒の保護者は健康保険を持っていない。高校の運動部に入るにはイリノイ州の高校体育協会から健康診断を受けることが義務付けられているが、この健康診断を受けることが金銭的な負担になっていた。そこで、学校は、慈善団体のロナウド・マクドナルド・ハウス（日本ではドナルド・マクドナルド・ハウス）に支援を求め、ロナルド・マクドナルド・ハウスが無料で運動部活動に必要な健康診断を提供することになった。

都市部の公立小規模校部門で取り上げられたミネソタ州のルーズベルト高校では、障害のある生徒に運動する機会を保障している。これは、ルーズベルト高校だけで完結しているのではなく、ミネアポリス公立学区の他の学校の生徒との合同活動である。ちなみに、ミネアポリス公立学区には高校だけで一二校あるので、これらの学校と合同で活動していると思われる。

このほかには、生徒からの要望でヨガクラブを立ち上げている学校が多数あった。ヨガは対外試合を含まず、始業前の時間に活動しているクラブも少なくない。こういったクラブであれば、学業や他の活動と両立しやすい。第1章で取り上げた課外活動の種類の生徒主導によるクラブ、校内活動部がこれに相当する。

アメリカの学校の運動部は、バーシティー、ジュニアバーシティーなどにわかれ、バーシティーは学校の代表チームとして他校のバーシティーチームと競ってきた。アスペン研究所では、学校では競技志向のバーシティーチーム以外にも、校内運動部、クラブとしての活動機会を提供し、そして学校が地域でのスポーツ機会とつなぐ役目もしようと提唱している。こういったムーブメントが今後も広がっていくかどうかは、アメリカの社会と学校、そしてひとりひとりが競技以外の価値を見出しているかどうかに大きく関係していると思う。

■注

1 Nationals Women's Law Center and The Poverty & Race Research Action Council,2015, finishing last girls of color and school sports opportunities: 3

2 谷口輝世子 2023.2.27「スポーツ部活動を学校にデリバリーする理由　放課後の課外活動格差を是正する試みとは」THE ANSWER. https://the-ans.jp/column/304365/

3 谷口輝世子 2023.10.21「ＮＢＡスーパースターのカリーが七四億円を寄付へ　慈善団体を通じて目指す教育支援の背景とその全容」THE ANSWER. https://the-ans.jp/column/364848/

4 Aspen Institute. Project Play, School Sports, https://projectplay.org/school-sports

5　谷口輝世子 2024.1.24「定員四五人のサッカー部に三〇〇人トライアウト参加　あふれた生徒の機会損失も補う部活の地域展開とは」THE ANSWER. https://the-ans.jp/column/387437/

フロリダ州セントピーターズバーグのPAL

第11章

運動部を地域へ出さず、外部の人とお金を取り込んだアメリカ

ここまで見てきたようにアメリカでも、学校の運動部は教員が指導し、学区の予算だけで運営できることを理想としていた。しかし、その理想と現実との間にはギャップがある。一九七〇年代までは教員が運動部のコーチをしていたが、コーチをする教員が足りなくなると、学校外に人材を求めるようになった。学区からの活動資金の不足分は、運動部を学校の管理下に入れてからも、ずっと外部から調達して補っている。アメリカの場合は、学校で維持できないから地域に移行していくという考え方ではなく、外から人とお金を取り込んで、運動部活動を維持しているといえる。

教員ではない学校外の人物をコーチとして採用して報酬も支払うが、その報酬は教員が運動部指導をするときと同じ金額である。高額な報酬を提示して、外部から優れたコーチに来てもらうというシステムにはなっていない。高校の運動部のコーチは、高校の教員の労働条件の枠組みのなかで報酬を得ている。

お金の面でも、学区教育予算以外の活動資金として、外部からブースタークラブ、スポンサー契約、参加費徴収、入場券収入を得ている。お金を集めるのにも、管理するのにも、労力がかかる。運動部の運営に出資者が干渉してきて商業主義に陥るリスクは低くないだろうし、ブースタークラブなどによる不正も起こっている。それでも、お金がなかったら活動できないので、州の高校体育協会や学区、学校は、お金に関する規則を作り、お金を管理したり、お金の動きを承認したりすることで、外部からの影響力をできるだけ抑えて、学校が運動部を統制しようとしている。

アメリカでは、外部から人とお金を入れても、運動部を統制し、管理し、運営するのは学校である。私個人としては、子どものスポーツ活動にはできるだけ公金を投入してほしいと考えている。しかし、学区からのお金を主な財源として、学校が統制、管理して運動部を運営するのが理想的だとも言い切れない。今度は、学校という親組織の影響を受ける。学区の教育予算が削減され、運動部予算が削減されると、特定の運動部が切られることになる。アメリカの運動部は、学校の活動としてとらえられていて、参加資格として一定の学業成績を求めているから、勉強が苦手な生徒は活動機会を失っているだろう。ただ単にスポーツを楽しんだり、競技したりするスポーツ活動でよいというわけにはいかず、教育効果のあるものにはお金をつけてもらえるというロジックのなかで活動することにもなる。

それでは、スポーツは教育から切り離して学校の外でレクリエーションスポーツや競技をするべきなのか。アメリカに限っては、スポーツする機会の格差が拡大するリスクが大きすぎる。ここまで見てきたように、無償のボランティアコーチが指導するチームも多くあり、無料の放課後支援活動もある。しかし、うまくなりたい、競技力を高めたい場合には、お金がかかるようになっている。アメリカでは練習するための時間と場所はお金で買うものになっている。お金をつぎ込めば、指導を受けることができ、よいトレーニング環境を得ることができる。我が子が優位に立てるようにと、保護者がどんどんお金をつぎ込むので、相場があがる。地域のチームと一言に言ってもさまざまで、市場経済の論理で運営されているクラブやトレーニング施設が少なくない。学校の運動部がなくなれば、低所得世帯の子どもはさらに活動機会を失う恐れがある。

外部からのお金を調達すると運動部の価値が損なわれるか

アメリカでは、運動部であってもお金がかかる。資金源は、学区予算のような公的なお金、保護者が出す参加費、ブースタークラブなどからの寄付、スポンサー企業からの出資らが主なものだ。どの資金源がベストかを考えるときには、お金を出す側によって、中高生の運動部活動、または地域でのスポーツ活動が損なわれないかがポイントになるだろう。スポーツと商業主義から考えてみた。

たとえば、『オリンピックと商業主義』[1]では、オリンピック開催の資金は、大きく分けて次の三つに分類できるとしている。

「税金」＝国や地方政府からの補助金、「企業の金」＝テレビ放映権料　スポンサー企業によるスポンサー料など、「個人の金」＝入場料、記念コイン、寄付など。この三つのうち、「企業の金」が最大のパーセンテージを占めたとき、「五輪は商業化された」と言えるだろう。ただ「商業化される」ことと「商業主義に陥る」ことは違う。企業の金が入っても、オリンピックの価値と質が一定のレベルで維持されることはあり得る。「商業主義に陥る」とは、企業の口出しによってオリンピックの価値と質が損なわれることを意味している。それが具体的にどのようなケースを指すのか。それは「オリンピックの価値」「オリンピックの質」をどう定義するかによって異なってくる。

1920年に行われた運動部のための資金調達イベント

お金を出す人の口出しによって、運動部活動やスポーツ活動の価値と質が損なわれないようにするためには、どのようにしたらよいのか。運動部やスポーツ活動の価値や質を定義できるかどうかが最初の分かれ目だと思う。活動の主体者が価値と質を理念として明文化できないと、その価値と質を応援しようという出資者を募ることはできない。それを定義していなければ、干渉されても、どのくらい干渉されているのかがわからなくなる。誰がそれを定義できするのかといえば、その活動をする当事者だと思う。アメリカの学校の運動部は、ブースタークラブ等による不正のリスク、商業化を飲み込んだ上で、学校が運動部を統制できるように、たとえ建前であっても理念をかかげて手綱を握っている。ただし、学校による運動部の統制は、活動の当事者である生徒の求める活動の価値や質と必ず一致しているとは言い切れない。アメリカの一部の教育者たちも、そのことは認識していて、生徒の求める活動とはどのようなものか、それを実現するにはどのようにすればよいのかを模索している。

■注・文献

1　小川勝 2012『オリンピックと商業主義』集英社新書：27-28

［第 7 章］

・スポーツ文化・育成＆総合ニュースサイト THE ANSWER 2023 年 8 月 1 日 「廃部を独自のシステムで乗り越える部活運営　米国で存続のケースがある『自己資金型』の実例とは」を大幅に加筆修正

［第 8 章］

・スポーツ文化・育成＆総合ニュースサイト THE ANSWER 2019 年 12 月 23 日 「公立校の運動部にスポンサー　米国の部活で確立された入場券とスポンサービジネス」から一部を引用

［第 10 章］

・スポーツ文化・育成＆総合ニュースサイト THE ANSWER 2023 年 2 月 27 日「スポーツ部活動を学校にデリバリーする理由　放課後の課外活動格差を是正する試みとは」を修正
・スポーツ文化・育成＆総合ニュースサイト THE ANSWER 2023 年 10 月 21 日「NBA スーパースターのカリーが 74 億円を寄付へ　慈善団体を通じて目指す教育支援の背景とその全容」を修正
・スポーツ文化・育成＆総合ニュースサイト　THE ANSWER 2024 年 1 月 24 日、定員 45 人のサッカー部に 300 人トライアウト参加　あふれた生徒の機会損失も補う部活の地域展開とは」を修正

初出一覧

［第1章］

・日本部活動学会のブカツカフェで2023年8月にオンラインで発表した内容をもとに加筆修正

・写真1　大修館書店　体育科教育2022年1月号「部活動指導者と地域の守備範囲」

［第2章］

・日本部活動学会研究紀要2021「米国の教員による運動部指導制度の歴史的変遷―労働と教育の視点から―」を加筆修正

［第3章］

・子ども未来・スポーツ社会文化研究所年報　2021年度「米国の団体交渉協約にみる労働としての運動部指導と教員の働き方」を加筆修正

・スポーツ文化・育成＆総合ニュースサイト THE ANSWER 2022年11月11日掲載「部活の地域移行で考える課題　不適切指導をしたらコーチ職はクビ、教員職としてはOKか」から一部抜粋

［第4章］

・子ども未来・スポーツ社会文化研究所年報2022年度「アメリカにおける学校運動部の教育投資効果のエビデンスに関する研究－公金獲得のための根拠の提示の観点から－」を加筆修正

・スポーツ文化・育成＆総合ニュースサイトTHE ANSWER 2023年4月26日「高校閉鎖の危機、食い止めた方法は運動部休部　問われた部活と学業予算分配の問題」を大幅に加筆修正

［第5章］

・スポーツ文化・育成＆総合ニュースサイト　THE ANSWER 2022年3月3日「高校運動部の自主的な行動とは何か　体操部廃止に米国の高校生が実施した抗議とは」を大幅に加筆修正

おわりに

この本を発表するにあたって、多くの人にお世話になりました。

まず、取材に応じていただいた多くの方に厚くお礼を申し上げます。メジャーリーグのキャンプ地のフロリダ州では、夕暮れ時にふらっと高校のグラウンドへ行き、簡単な自己紹介の後にお話を聞かせていただいたにも関わらず、快く応じていただきました。ミシガン州立大で毎年開催されている指導者講習でお会いしたコーチの方々、メールでご回答をただいた方にも感謝の気持ちでいっぱいです。

また、京都教育大学・関西大学の名誉教授で、子ども未来・スポーツ社会文化研究所の杉本厚夫先生には、第2章、第3章、第4章のもととなった論文を書くにあたってご指導いただきました。深くお礼申し上げます。第2章の内容は、日本部活動学会の研究紀要に掲載していただいた論文がもとになっており、ここでも、会長の神谷拓教授をはじめ、編集委員のみなさまにお世話になりました。アメリカの部活動にも詳しい中澤篤史教授には、訳語について貴重なご助言をいただきました。厚くお礼申し上げます。

また、大修館書店の『体育科教育』の編集者のみなさま、スポーツ文化・育成&総合ニュースサイトのTHE ANSWERの神原英彰さまには、これまで書かせていただいた記事をもとにして、この本の内容の一部とすることについてご承諾いただき、とても感謝しております。

今となっては、お会いしてお礼を申し上げることがかなわないのですが、この原稿を書きはじめたときに、高校時代に光嶋磯雄先生にお世話になったことを思い出しました。わたしは高校一年生のときに、大阪の高校ハンドボールチームの一員として、ベルリンの壁が崩れる直前の西ドイツへ行き、自分と同じ高校生たちが、自分とは違う環境でハンドボールをしていることを知りました。海外のスポーツ事情をよく知りたいと思うきっかけをいただき、今さらながら改めて感謝しています。

本にして発表するという願いに応じていただいた生活書院の高橋淳様に心からお礼申し上げます。

保護者として運動部活動に関わった経験なしには、この本を書くことはできませんでした。二人の息子と夫にも、感謝しています。

二〇二四年の春に

谷口輝世子

本書のテキストデータを提供いたします

本書をご購入いただいた方のうち、視覚障害、肢体不自由などの理由で書字へのアクセスが困難な方に本書のテキストデータを提供いたします。希望される方は、以下の方法にしたがってお申し込みください。

◎データの提供形式＝CD-R、フロッピーディスク、メールによるファイル添付（メールアドレスをお知らせください）。

◎データの提供形式・お名前・ご住所を明記した用紙、返信用封筒、下の引換券（コピー不可）および200円切手（メールによるファイル添付をご希望の場合不要）を同封のうえ弊社までお送りください。

●本書内容の複製は点訳・音訳データなど視覚障害の方のための利用に限り認めます。内容の改変や流用、転載、その他営利を目的とした利用はお断りします。

◎あて先
〒160-0008
東京都新宿区四谷三栄町6-5 木原ビル303
生活書院編集部　テキストデータ係

キリトリ線

【引換券】
お金から見る
アメリカの運動部活動

著者紹介

谷口輝世子　たにぐち・きよこ

1971年生。京都教育大学教育学部体育学科卒。1994年デイリースポーツ社に入社、プロ野球を担当。98年から米国に拠点を移し、主にメジャーリーグなどを取材。2000年からフリーランスとして活動。プロスポーツから学生スポーツ、子どものスポーツをカバーしている。

著書『帝国化するメジャーリーグ』（明石書店）、『子どもがひとりで遊べない国、アメリカ』（生活書院）、『なぜ、子どものスポーツを見ていると力が入るのか』（生活書院）。分担執筆『21世紀スポーツ大事典』（大修館書店）、分担執筆『運動部活動の理論と実践』（大修館書店）

Xアカウント　@zankatei

お金から見るアメリカの運動部活動
——活動を支える人と仕組み

発　行———— 2024年7月1日　初版第1刷発行
著　者———— 谷口　輝世子
発行者———— 髙橋　淳
発行所———— 株式会社　生活書院
〒160-0008
東京都新宿区四谷三栄町6-5 木原ビル303
ＴＥＬ 03-3226-1203
ＦＡＸ 03-3226-1204
振替 00170-0-649766
http://www.seikatsushoin.com
印刷・製本—— 株式会社シナノ

Printed in Japan

ISBN 978-4-86500-172-3

好評既刊

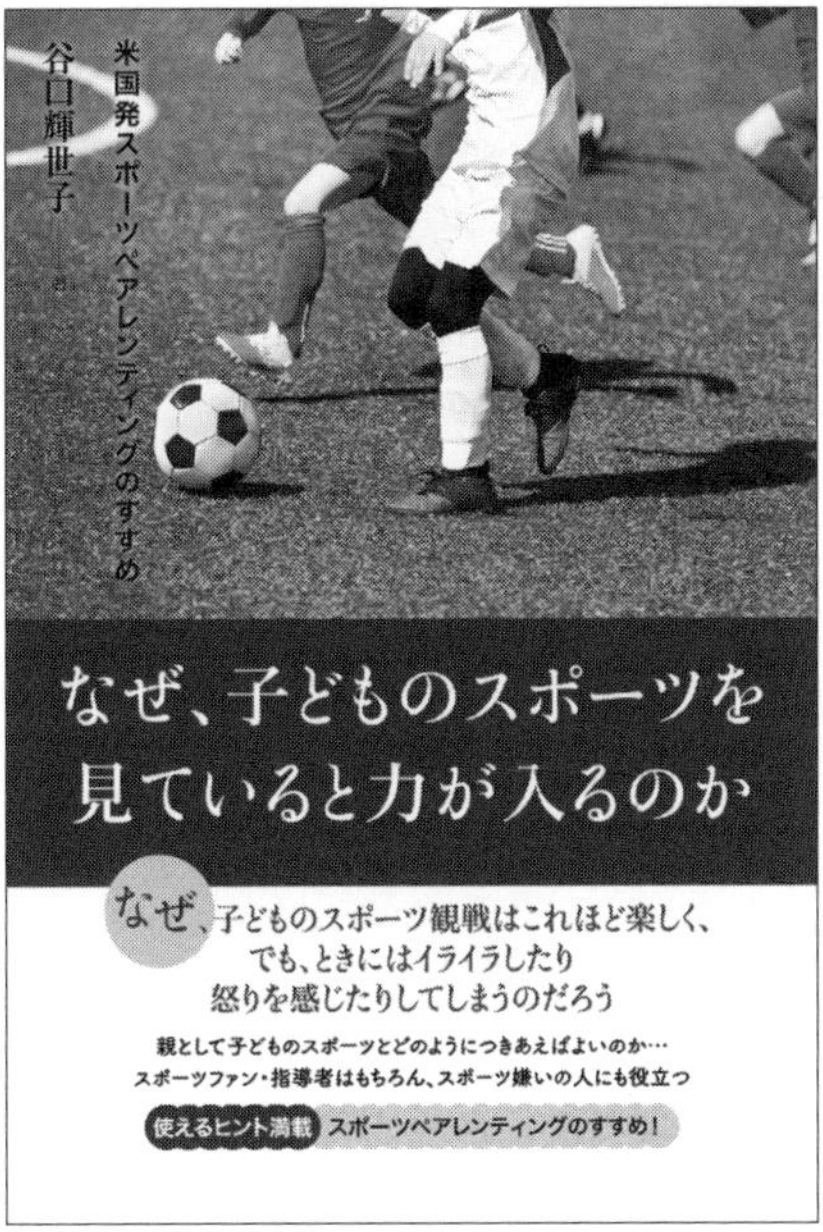

なぜ、子どものスポーを見ていると力が入るのか

米国発スポーツペアレンティングのすすめ

谷口輝世子 著

A5判並製　160頁　本体1500円

なぜ、子どものスポーツ観戦はこれほど楽しく、でも、ときにはイライラしたり怒りを感じたりしてしまうのだろう。

親として子どものスポーツとどのようにつきあえばよいのか…

スポーツファン・指導者はもちろん、スポーツ嫌いの人にも役立つ、使えるヒント満載の、スポーツペアレンティングのすすめ！